教育芸術を担う

シュタイナー学校の教師たち

井藤 元
ITO Gen

Erziehungskunst

ナカニシヤ出版

3 年生の教室（シュタイナー学園）

黒板絵　動物学の学び
（東京賢治シュタイナー学校）

高等部の教室（シュタイナー学園）

音楽室（シュタイナー学園）

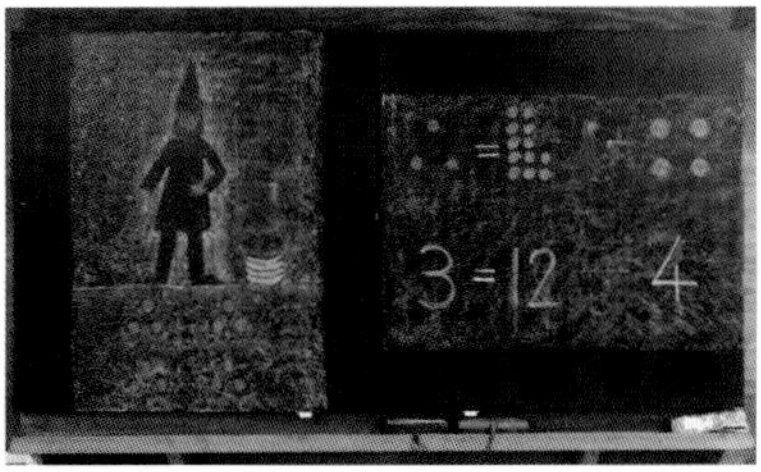

黒板絵　わり算の学び
（東京賢治シュタイナー学校）

黒板絵　日本の合掌造りに関する学び
（福岡シュタイナー学園）

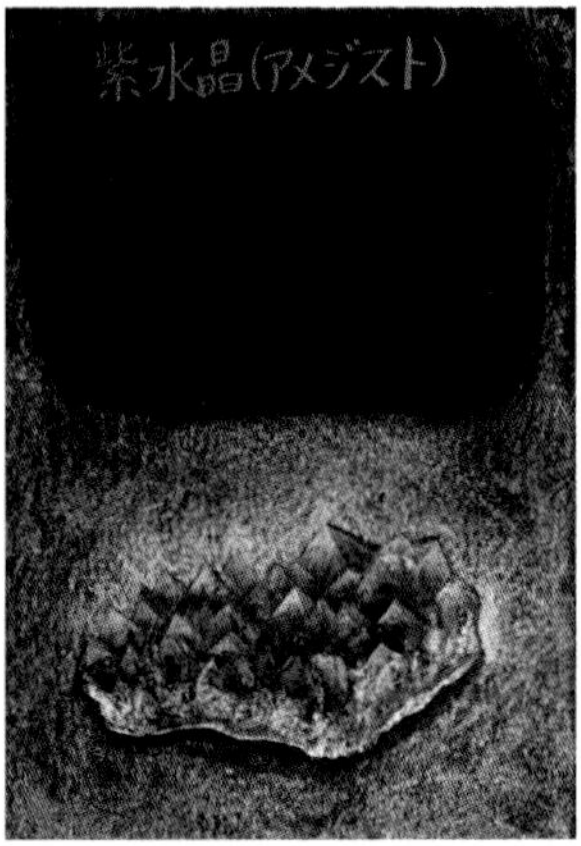

黒板絵　鉱物学の学び
（東京賢治シュタイナー学校）

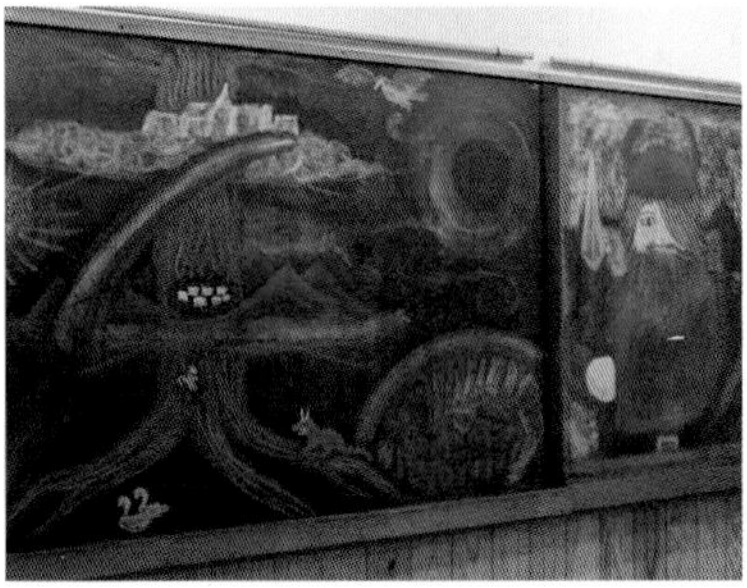

黒板絵　4年生「北欧神話」の学び（世界樹ユグドラシルとオーディン）
（福岡シュタイナー学園）

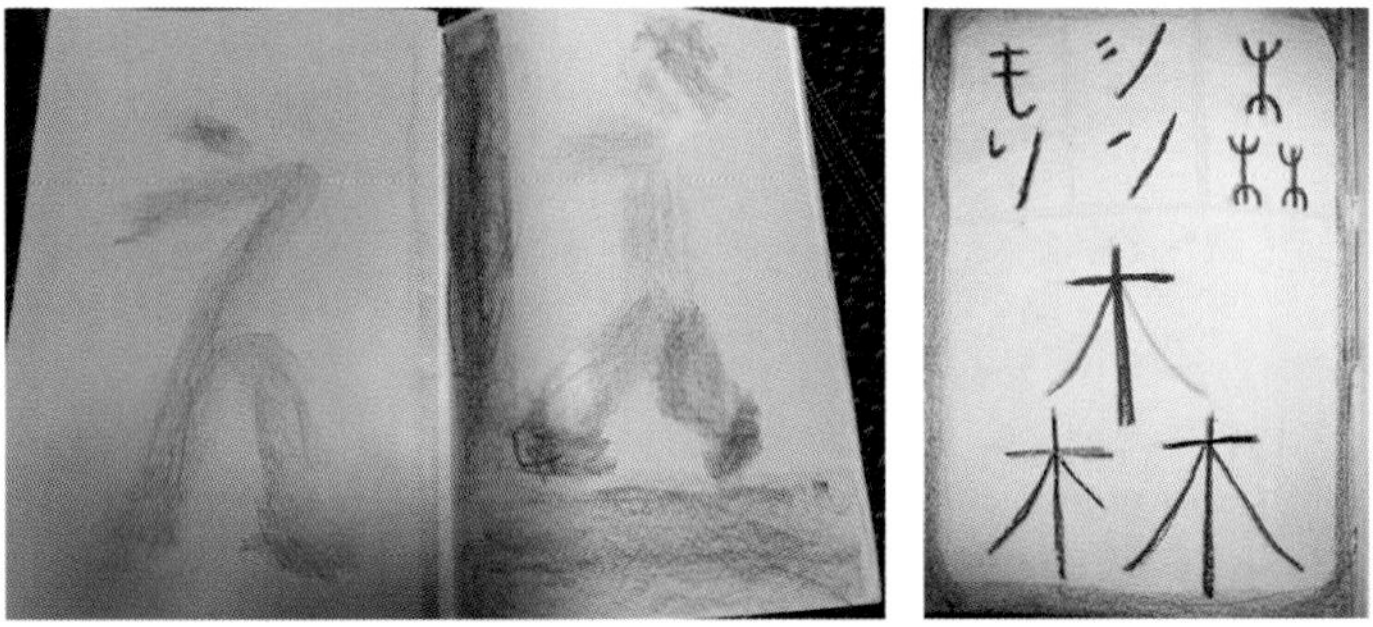

国語のエポックノート（東京賢治シュタイナー学校）

算数のエポックノート（東京賢治シュタイナー学校）

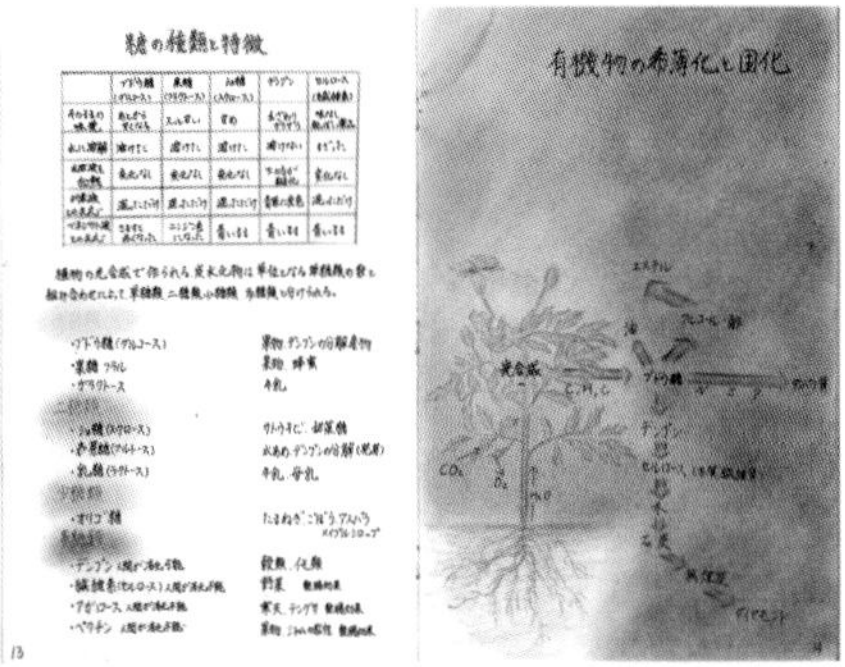

理科のエポックノート　９年生　有機化学
（京田辺シュタイナー学校）

社会のエポックノート　９年生　近現代史（京田辺シュタイナー学校）

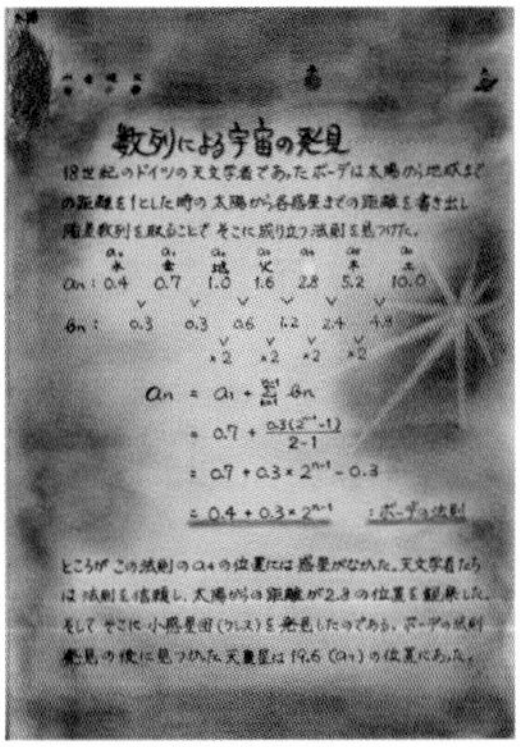

数学のエポックノート　数列
（京田辺シュタイナー学校）

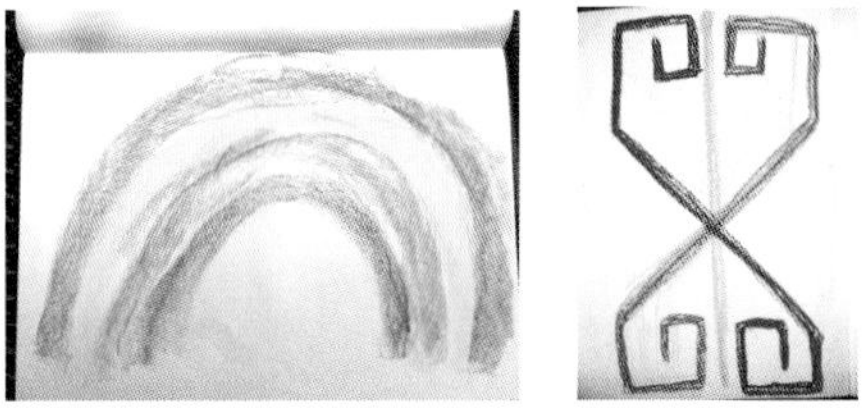

フォルメン線描（東京賢治シュタイナー学校）

オイリュトミー（シュタイナー学園）

オイリュトミー
（京田辺シュタイナー学校）

手仕事（シュタイナー学園）

工芸（鍛金）（シュタイナー学園）

米作り（シュタイナー学園）

12年生卒業演劇（京田辺シュタイナー学校）

はじめに

哲学者・西田幾多郎が、京都帝国大学退職の折に述べた言葉に、次のような一節がある。

回顧すれば、私の生涯は極めて簡単なものであった。その前半は黒板を前にして坐した、その後半は黒板を後にして立った。黒板に向かって一回転をなしたといえば、それで私の伝記は尽きるのである。(1)

未知の世界に向かって学ぶ仕草と、教壇に立って先達として後進に教え伝える仕草とを、「黒板」というトポスを用いて印象的に述べた西田の表現は、その簡明さゆえにかえって胸を打つものである。わが国を代表する思想家である彼の哲学の襞が、そのトポス的転回の中に折り込まれているのだから。そして、続いて西田は控えめにこう言葉を継いでから、自らの来し方を振り返っていく。「しかし明日ストーヴに焼きくべられる一本の草にも、それ相応の来歴があり、思い出がなければならない(2)」と。

(1) 西田幾多郎『西田幾多郎全集』第十二巻、岩波書店、一九五〇年、一六九頁。なお、歴史的仮名遣いは現代仮名遣いに直した。
(2) 同。

筆者は普段、勤務先の大学で、主に中学・高校の教員養成に携わっており、教職課程の講義（教育学の基礎理論に関する講義）を担当している。対象は、教師の卵たち。いまはまだ学生として黒板を前に座し、筆者の授業に出る身ながら、そう遠くない将来、黒板を背に、教師として子どもの前に立とうとする者たちである。大学卒業あるいは大学院修了後、大多数は二〇代前半という年齢で、「黒板に向かって一回転」をすることになる彼らに、いかに自らの教育観・子ども観・人間観の限界と可能性とに触れる機会を提供できるか。それこそが教職課程担当教員としての筆者の使命であると信じてきた。(3)

シュタイナー教育を研究の主軸にする筆者にとって、シュタイナーやモンテッソーリらに代表されるオルタナティブな教育思想を伝えることも、教職課程の学生の教育観や授業観に揺さぶりを仕掛ける大きなチャンスである。受験対策を重視した、いわゆる進学校出身の学生の多くは、自分たちが受けてきたのとはまるで異なる教育の姿に、有無を言わさず度肝を抜かれることになる。

教職の必修科目「教育原理」（全一五コマ）中の一コマ、シュタイナー教育を扱う回で、筆者はここぞとばかりにその実践を紹介するわけだが、もちろん、広大無辺なシュタイナー教育の世界を九〇分で語り尽くすことは不可能。学生たちをその入り口まで連れてくるだけで時間は尽きる。それでも、「こんな教育を受けたかった」「もっと広まってほしい」といった肯定的意見や「このやり方で学力が身につくのか」「卒業後、社会で適応できるとは思えない」といった批判的な意見など、多種多様な意見が飛び交う。

とりわけ意見が集中するのが、八年間一貫担任制に関してである。シュタイナー学校では、一年生から八年生（中学二年生）まで、原則、同じ一人の担任がクラスを受け持つ。(4)

「最大八年も同じ子どもたちと接するなんて、あまりにも長すぎる」。「担任の影響力が大きくなって、子どもたちの考え方が偏ってしまうのではないか」。「子どもたちは成長過程でいろいろなタイプの教師と出会うべきだ」。「ウマが合わない生徒や保護者がいたとしたら逃げ場がないのではないか」。見慣れぬシステムに、学生たちは戸惑いの色を隠せないようである。

エポック授業についても疑問が並ぶ。エポック授業とは、シュタイナー教育で採用されている独自のカリキュラムである。主要教科（国語、算数、理科、社会）のうちの一つを三〜四週間、毎日、午前の時間帯に学ぶ。一つの教科の学びが行われているあいだ、他の主要教科の学びは行われない。

「三、四週間も一つの教科の学びを続けるなんて、飽きてしまう子どもが出てくるのではないか」。「嫌いな科目の場合、その時間が毎日続いたら、苦痛そのものではないか」。「数週にもわたって教師は子どもたちの興味を惹きつけることができるのか」。一時間ごとに教科が入れ替わり、細切れに学ぶのがあたりまえの環境で育った学生たちにとって、やはりかなりのカルチャーショックなのだろう。しかもエポック授業は約一〇〇分間と非常に長い。大学の授業は基本的に一コマ九〇分。それよりも長いわけだ。特に低学年の場合、それほど長い時間、子どもたちの集中を持続させることができるのか。どのようにして授業を成り立たせているというのか。

極めつけは、シュタイナー教育に浸透している芸術性に対する疑問である。教師は子どもと関わるなかで、人生という芸術作品を、子どもと作り上げていく。そのような考え方に基づく教育方法は、「**教育芸術**」と呼ばれ

(3) 筆者は教職課程用の教科書「ワークで学ぶシリーズ」（ナカニシヤ出版、全七巻）を企画・刊行してきた。本シリーズの特徴は、数多くのマンガ、映画、ドラマなどを参照しながら議論が展開してゆく点にある。身近なメディアを入り口として、次第に教育学の根源的なテーマへと誘う。見た目はとっつきやすいが、中身はディープ。このシリーズではそれを狙った。

(4) 現実的にはその時々の状況に合わせて担任が変わることもあるが、ドイツでシュタイナー学校が始まった当初より、八年間一貫担任制は基本理念としてこの教育の根底に位置づいている。

る。[5] シュタイナー学校ではすべての教科に芸術が浸透しており、あらゆる場面において芸術を通じた教育が行われている。学生たちに担任の描いた黒板絵（口絵参照）の写真を見せると、その美しさに衝撃を受け、圧倒される者は多い。[6] けれども、同時に疑問が湧き起こる（本書の各章扉に掲載している黒板絵およびカバーの黒板絵は愛知シュタイナー学園の今泉夏奈氏が描いたものである）。

「この絵を描いたのは美術教師ではないのか。担任がこの絵を描いているなんて信じられない」。「絵を描いたり、歌をうたったり、芸術的な感性を持っていなければならないなんて、自分には無理だし、教師に多くのことを求めすぎでは」。「もともと、芸術的素養を持っている人以外、この学校の教師になることはできないのではないか」。

そして、こうした意見から、学生たちの中に自ずと沸き起こってくるのは、この教育を担う教師その人への深い興味である。

「いったいどんな人たちがこの学校の教師をつとめているのか」。
「どうしてあえてこのような実践を選んだのだろうか」。
「どんな思いで日々の教育実践に臨んでいるのだろうか」。

これから教師の道に進もうとする学生たちには、シュタイナー学校の教師たちが抱いているであろう、この特殊な実践への動機と確信が如何とも計り知れないのである。

本書で紹介するシュタイナー学校の教師たちも、かつてはその実践について何の知識も持たない若者であった。そうであるにもかかわらず、それぞれが人生のさまざまな段階でシュタイナー教育と出会い、否応なく惹かれ、各自の強い思いを胸に、その大海へと舵を切ることになる。そして、シュタイナー学校の黒板を背に子どもたちの前に立つのである。

第1章に登場する東京賢治シュタイナー学校の小澤周平氏は、シュタイナー教育との出会いのきっかけに関する筆者の質問への答えの中で、次のように話してくれた。

大学一年生のときに履修した教職科目「教育原理」の授業の中で、シュタイナー教育の存在をはじめて知りました。「教育原理」の授業中に担当教員が子安美知子先生の『ミュンヘンの小学生』を題材にして話をされたんです。うっすらと「へぇー、面白そうだな」と感じた記憶はあるんですよ。ただ、その時点で心を動かされ、シュタイナー教員への道を具体的にイメージするようなことはありませんでした。そのままシュタイナーの前を素通りしてしまったんですね。

小澤氏はその時点ですぐにシュタイナー学校の教師への道を思い描いたわけではなかった。大学卒業後にまったく別の航路を進むなかで、幾年もの時を経て、何かに導かれてふとこの実践と再び出会い直し、ライフワークとして自らの身に引き受けるのである。

「その時」が来なければ、情報だけ知っていても意味がない。小澤氏の例が示しているとおり、以前は深く気

(5) ルドルフ・シュタイナー(松浦賢訳)『完全版 霊学の観点からの子どもの教育』イザラ書房、一九九九年、一五一頁、訳者解説。
(6) シュタイナー学校の黒板絵については、マルグリット・ユーネマン(井藤元・小木曽由佳訳)『黒板絵——シュタイナー・メソッド』(イザラ書房、二〇二一年)を参照。

にもとめなかった情報が、別の瞬間に突如意味を持ち、人生を導く鍵となることがある。学びの成果はすぐには見えない。心のどこかに潜む時限爆弾のようなもので、いつ爆発するかは誰にもわからないのだ。

教師という一人の人間としてのありようが大きく作用し、それに対して極めて意識的であろうとするのがシュタイナー教育の特徴でもある。

近年、シュタイナー教育の実践を紹介する書籍は数多く出版され、インターネットで検索すればすぐに情報を得ることができる。ただ、そこで働く教師の実態については、これまで十分に紹介されてこなかったといえる。本書は、シュタイナー教育の担い手である教師の人間像に焦点を当て、その一人ひとりの複数の目を窓にして、この実践の実態を立体的に浮かび上がらせることを目的とする。これから教師の道を志す人、すでにシュタイナー教育に一定の関心のある人、あるいは教育そのものに特別な関心のない人も、「黒板」に向かった彼らの転回のうちには、一つでもご自身の来し方と響き合うものがあるのではないだろうか。

第1章ではまず教師たちの来歴を丁寧に追ってゆく。本書では教師の来歴の紹介に最も多くの紙幅を割くことにした。日本のシュタイナー教育を支える教師その人に焦点を当てたいと考えたからである(7)。抽象的な教師像を示したいのではなく、葛藤を抱えながら探究を続ける、血の通った生きた教師の姿を浮き彫りにさせることが本章の目的である。

教師たちのライフヒストリーを明らかにしたのち、彼らがどのようなプロセスを経てこの学校の教師となったのか、教員養成段階における体験談を紹介する（第2章）。教師たちの修行時代に焦点を当てることがここでの課題となる。

続いて、教師たちがどのような教育観・子ども観を持ち、何を大切にしながら子どもたちと関わっているのか、その内実をみてゆく（第3章）。教師たちに土台を与えている共通の基盤を明らかにすることが目指される。続く章では、シュタイナー学校の教師の仕事の醍醐味と困難について浮き彫りにしたい（第4章）。教師の仕事は「大変さとやりがいが紙一重」だといわれるが、具体的なエピソードを交えながらその実態を解き明かしてゆく。最後に「付録」として、日本国内で受講可能なシュタイナー学校教員養成講座について紹介する。

本書の執筆にあたっては日本全国のシュタイナー学校の教壇に立つ、二二名の現役教師にインタビューを行った(8)。シュタイナー学校の教員になりたての方からキャリア三〇年近くの方まで教員歴はさまざま。若手からベテランまで幅広くご登場いただく。

日本のシュタイナー学校で働く教師（二〇二三年二月現在）は日本シュタイナー学校協会(9)の正会員校に限った場合、二六二名。うち常勤は一一一名、非常勤は一五一名である(10)。本書の執筆にあたってはそのうちの一割弱にあたる教師の話をうかがったことになる。

日本シュタイナー学校協会会員の全日制シュタイナー学校は、学校法人のシュタイナー学校（北海道シュタイナー学園いずみの学校(11)、シュタイナー学園）とＮＰＯ法人のシュタイナー学校（東京賢治シュタイナー学校、横

(7) 本書ではシュタイナー学校の教師の具体的な仕事内容を紹介するわけではない。シュタイナー学校の教師の仕事内容に関心を持っている方は、すでにヘルムート・エラー氏による優れた解説書が刊行されているので、そちらを参照されたい。ヘルムート・エラー（鳥山雅代訳）『人間を育てる――シュタイナー学校の先生の仕事』トランスビュー、二〇〇三年。

(8) インタビューは二〇二二年二月から二〇二三年六月にかけて実施した。

(9) 日本シュタイナー学校協会は、日本におけるシュタイナー学校およびシュタイナー教育運動の充実と発展を目指しており、全国のシュタイナー学校の教育者や運営者がともに働くための協会として二〇一三年八月一八日に発足した。

(10) ここで紹介した数字は、クラス担任、専科担当教員の数を足したものである。これ以外にシュタイナー学校の現場では、学童指導員・教育助手も勤務しており、その数は七校あわせて五二名である。つまり、学童も含め、わが国のシュタイナー学校（日本シュタイナー学校協会会員校）において、広く教育活動に関わっている者の数は、三一四名ということになる。

(11) 北海道シュタイナー学園の幼稚園と高等学園はＮＰＯ法人である。

浜シュタイナー学園、愛知シュタイナー学園、京田辺シュタイナー学校、福岡シュタイナー学園）があるが、これら七校のシュタイナー学校に在籍する教師に加えて、二〇二二年度に開講した沖縄シュタイナー学園の教師にも話をうかがった。

なお、日本にはこのほかにも全日制のシュタイナー学校として、おひさまの丘宮城シュタイナー学園[12]、千葉グリーンスクール[13]、わかやまシュタイナー学園[14]、ふくやまシュタイナー学園[15]、どんぐり自然学校[16]がある。

本書は、シュタイナー教育に興味があり、この学校の教師になることを将来の選択肢に入れたいと考えている方にぜひ手に取っていただきたい。くわえて、教師のあり方そのものを問い直したいと考えている方にもお読みいただければと思う[17]。というのも、（本書で詳しく紹介するが）この特殊な実践に関わる教師の考え方に触れると、彼らの教育観は、奇抜で非常識であるどころか、むしろ、現代の教師のあり方や教員養成のありようを考えるうえで、ヒントに溢れているように思われるからである。

よって、本書はシュタイナー教育に興味を持っている方だけでなく、立ち止まって広く教育のあり方を問い直したいと考えているすべての方に向けて書かれている。

シュタイナー学校の教師になるという道は、一般的な道ではない。安定しているわけでも、楽な仕事でもない。本書で紹介する教師たちはシュタイナー学校の出身者ではない。また、この学校の教師になるうえでは、シュタイナー教育の教員養成課程での学びを終えていることが望ましいとされており、プログラムを受講するには費用もかかる。その額は安くはないし、課程を修了するまでには時間もかかる。

それでも、本書で紹介する教師たちは、導かれるようにしてシュタイナー学校の教師の道を選んだ。やむに止まれぬ思いでその道を選びとった。

前置きはこれくらいにしておこう。第1章では、シュタイナー学校の教師たちの来歴をみていくことにする。

(12) おひさまの丘宮城シュタイナー学園は、二〇一六年に開校した仙台市内にある全日制の小中一貫校である。東日本大震災後、「宮城にシュタイナー学校を！」という思いで実行委員会がつくられ、第一期シュタイナー教員養成講座を経て開校した。同校は仙台市の保存緑地にあり、緑豊かな環境で子どもたちが学んでいる。他の学年の子どもたちと共に学ぶ機会が多く、一つの家族のように深い繋がりが生まれている。また、独自の教員養成講座や大人の学びの場であるケトルクラスも開かれ、東北地方でシュタイナー教育を受ける・学ぶことのできる貴重な場となっている。

(13) 千葉グリーンスクールは二〇二一年に開校した千葉県緑区にある全日制の小中一貫校である。新城直子氏によって設立され、京田辺シュタイナー学校で教鞭をとった渡邉知佳氏らも教師をつとめる。

(14) わかやまシュタイナー学園は和歌山県紀の川市にある全日制の幼小中一貫校である。木村知津氏、三木真由美氏、廣森雅子氏ら六家庭の母親たちと教員が「地方の教育に選択肢を」という思いを抱いて、二〇一四年に和歌山県ではじめてシュタイナーの幼児教育実践の場（「こども園ほしの子」）を設立。その後、二〇一七年に石田寿文氏を迎え、初等部を立ち上げる。オイリュトミストでもある同氏によって、同校では日々のルーティンのなかで日常的にオイリュトミーが取り入れられているのが特徴だ。また、学校の目の前に八反（サッカーコート半面分）の広大な田畑を有しており、自然豊かな環境のもとで子どもたちが学んでいる。二〇二三年現在、複式の学級編成となっており、小規模校の特色を活かし、学校のありようをその都度自在に変化させ、一人ひとりの子どもに寄り添った教育が行われている。なお、同校主催の教員養成講座（シュタイナー治療教育基礎コース）は二〇二三年現在、日本シュタイナー学校協会連携型教員養成講座の協力講座に指定されている。

(15) 広島県福山市にあるふくやまシュタイナー学園は二〇二三年に開校。公立学校での教員歴のある山本敦美氏が教師をつとめる。二〇二三年度時点では初等部のみ設置されているが、今後は中等部の開校を予定している。

(16) どんぐり自然学校は鹿児島県鹿児島市にあり、自然豊かな地でおよそ三〇年もの間、シュタイナー教育が実践されている。一九九四年に永綱ユミ子氏（小中学部代表）、内田惠美子氏（幼児園代表）によって幼児と児童を対象とした実践の場が立ち上げられた。一九九七年には、不登校児の親と子の居場所「どんぐりシューレ」を設立。そして、二〇一〇年に全日制のどんぐり自然学校を開校した。同校にはどんぐり幼児園が併設されており、幼小中一貫教育が行われている。同校ではインクルーシブな教育が実践されているとともに、カリキュラムには、農業体験、イカダ作り、カヌー体験、釣り（子どもたちが自ら竹を切り出して竹竿を作って釣りを行う）など、数多くの自然体験が組み込まれている。また、毎年の恒例行事として屋久島でのキャンプ（低学年は二泊三日、高学年は四泊五日）も実施されており、高学年の児童が島内をサイクリングで一周するイベントなどが行われている。九年生（中学三年生）は「屋久島の自然」をテーマに一泊二日で自然に関する研究を遂行する。

(17) なお、本書では紙幅の都合上、「エポック授業とは？」「八年間一貫担任制とは？」といったシュタイナー教育に関する基本的な説明は割愛している。そうした内容に関しては、例えば井藤元『マンガでやさしくわかるシュタイナー教育』（日本能率協会マネジメントセンター、二〇一九年）を参照。

まずは彼らがシュタイナー教育と出会い、この学校の教師になる道を選ぶまでの二一の物語に耳を傾けていただきたい。

目　次

第3章　シュタイナー学校の教師に求められること

第1章　教師たちの来歴

二二二の物語

1　四つの類型

シュタイナー教育のカリキュラムは独特である。[1] 芸術を通じた教育、エポック授業、八年間一貫担任制、オイリュトミー[2]やフォルメン線描、[3] 手仕事[4]といった独自科目。子どもの発達段階に則して緻密に設計されたカリキュラムを支えるのは、生きた教師たちである。いったい、どんな人たちがこの教育を支えているのだろうか。

この問いに答えるべく、本章では教師たちの来歴を丁寧に紹介したい。

個々の教師たちの教育観（教育に対する価値観）の形成と教師自身の来歴は切っても切り離せない。どのような教育を受けてきたか。どんな教師と出会ってきたか。子育てを通じていかなる体験をしたか。こうした人生の歩みが、その人自身の教育観の形成に深く影響を及ぼしていると考えられるからだ。

ここでは、シュタイナー学校の教師たちがいかにしてこの教育と出会い、どのような思いでこの学校の教師になる道を選ぶに至ったのか、その舞台裏を探っていきたい。

もちろん、道程は十人十色。教師の数だけ物語がある。本書で紹介できるのは、日本のシュタイナー学校で働いている教師たちの来歴のほんの一部ではある。だが、それらのストーリーを並べて見ていくと、物語に通底するいくつかの共通項が浮かび上がってくる。

多くの教師たちの口から発せられたのが「導かれる」というキーワードであった。いくつもの必然的な出会いを通じて、シュタイナー学校の教師になるという道が彼らの目の前に提示され、導かれるようにしてその道を歩むことになったというのだ。

これだ！と確信を持った者もいれば、気がついたらこの道を選んでしまっていたという者もいる。いずれにしても、本書で紹介する教師たちは、フツーとはいえない道を自らの手で選び取った。

本章では以下、教師たちの来歴を便宜上、四つのパターンに分けて紹介したい。Ⅰ「学生時代を終えて、すぐに教員養成課程に進んだ教師」、Ⅱ「社会人経験のある教師」、Ⅲ「公立学校での教員経験のある教師」、Ⅳ「社会人経験あるいは公立学校での教員経験があり、かつ保護者としてシュタイナー学校に関わった経験がある教師」の四つのパターンに分けてみてゆく。(5) それぞれのカテゴリで紹介する教員は以

(1)　体験に根差した学び／地域に根差した学びを出発点に据えている点もシュタイナー教育の大きな特徴である。例えば、シュタイナー学園の三年生では「米作り」が一つの大きな課題となっているのだが、一年を通じての米作りは、日本の風土・生活と季節の変化を肌で感じ、手足の活動を通して身体性を培い、同時に社会性を身につけていく学びとなっている。児童は地域の田んぼで一年もの間、地域の人々と密接に関わり、地域の人々との関わりのなかで学びを展開してゆく（口絵参照）。

(2)　オイリュトミーとは、シュタイナーが妻のマリー・シュタイナーの協力を得て創造した運動芸術（音と言葉の動きと表現が一体となった総合芸術）である。オイリュトミーは、ギリシャ語で、調和ある美を表す「オイ」とリズムを表す「リュトモース」とが一つになった言葉で、シュタイナー学校の科目として設定されている。オイリュトミーの際には、子どもたち全員がそれぞれオリジナルのオイリュトミードレスを着用するが、オイリュトミーは子どもたちのうちに、心と身体の調和をもたらすとともに、クラスみんなでオイリュトミーを動くことによって、社会性が涵養されるとも考えられている。この科目では、年齢にふさわしい音楽や詩の律動に合わせて子どもたちが動くのだが、低学年では、それらのリズムが呼吸を整え、ファンタジーを呼び覚ます。また、学年が上がると、オイリュトミーは子どもたちの感じる力を豊かにし、考える力に働きかける（口絵参照）。

(3)　「フォルメン線描」は、名詞フォルム Form の複数形と、動詞 zeichnen（線で描く／素描する）が組み合わさったもので、しばしば略して「フォルメン」と呼ばれる。フォルメンは、通常一年生から四年生まで行われ、線描の際にはクレヨンが使用される。子どもたちはフォルメンの授業の中で、直線、曲線、図形や模様など世界のさまざまな形を描いてゆくのだが、この実践は言語教育（文字学習）、幾何学の準備学習、調和・対称感覚の育成などに寄与する（口絵参照）。

(4)　「手仕事（Handarbeit）」は一年生から始まる科目で、編み物、人形作り、刺繍など子どもたちが発達段階に合わせてさまざまな課題に取り組む。一年生で毛糸の編み物を行い、その後、学年が上がるにつれて、バッグなども製作する（口絵参照）。また、五年生から始まる「工芸（Handwerk）」では、木材や粘土、金属素材の加工が行われる。（口絵参照）。

(5)　日本のシュタイナー学校で働く教師のなかにはここで類型化した四つのパターンに収まらない教師もいる。二〇二三年現在、数は極めて少ないものの、シュタイナー学校の卒業生でこの学校の教師になった者もいる。

下のとおり（敬称略、本書での紹介順に名前を記した）。

Ⅰ　学生時代を終えて、すぐに教員養成課程に進んだ教師

・中村真理子（京田辺シュタイナー学校）
・増渕智（シュタイナー学園）
・安藤しおり（京田辺シュタイナー学校）
・山下亜弓（東京賢治シュタイナー学校）
・佐藤邦宏（北海道シュタイナー学園）

Ⅱ　社会人経験のある教師

・廣田聖子（シュタイナー学園）
・白田拓子（シュタイナー学園）
・米永宏史（北海道シュタイナー学園）
・勝部武志（北海道シュタイナー学園）
・木村義人（シュタイナー学園）
・小澤周平（東京賢治シュタイナー学校）
・石尾紀子（北海道シュタイナー学園）
・横山義宏（横浜シュタイナー学園）
・今泉夏奈（愛知シュタイナー学園）

Ⅲ　公立学校での教員経験のある教師

・後藤洋子（東京賢治シュタイナー学校）
・纐纈好子（京田辺シュタイナー学校）
・若林伸吉（京田辺シュタイナー学校）
・田原眞樹子（福岡シュタイナー学園）
・入福玲子（沖縄シュタイナー学園）
・渡慶次愛（沖縄シュタイナー学園）

Ⅳ　社会人経験あるいは公立学校での教員経験があり、かつ保護者としてシュタイナー学校に関わった経験がある教師

・帖佐美緒（シュタイナー学園）
・大友綾（福岡シュタイナー学園）

また、本章の最後に、インタビューを通じて浮かび上がってきた教師たちの来歴の特質を抽出してみたい。

なお、読みやすさを考慮し、筆者と各教師の間で行われたインタビュー内容を教師の一人称形式に直した。また、冒頭に記したシュタイナー学校での担当科目は、二〇二二年度時点での情報であるが、沖縄シュタイナー学園の渡慶次愛氏、愛知シュタイナー学園の今泉夏奈氏については、二〇二三年四月時点の担当を記した。

2　学生時代を終えて、すぐに教員養成課程に進んだ教師たち

本節では「学生時代を終えて、すぐに教員養成課程に進んだ教師」の来歴を紹介したい。ここでは五名の教師にご登場いただく。彼らは高校あるいは大学卒業後、**一年以内に**、シュタイナー教育の教員養成プログラムを受けることを決意した。一〇代後半から二〇代前半にかけてシュタイナー教育と出会い、この学校の教師になる道を歩むことになった彼らの物語をみていくことにしよう。

中村真理子氏（京田辺シュタイナー学校）**の場合**
『教育芸術』に描かれた「F」の文字／エマソンカレッジ留学
担当：六～八年生担任のサポートとして、いくつかのエポック授業を担当、演劇（八年生）、美術（六、七年生）

小さな頃からずっと小学校の先生になりたいと思っていたので、高校卒業後は地元の大学の教育学部に進学しました。けれども、大学に入った途端、何といえばよいのでしょう。このままストレートに先生になってしまうことに対して何だかつまらないなという気持ちが湧き起こってきてしまったんです。

そんな折、大学の図書館をぶらぶらしていて、たまたま手に取ったのがシュタイナーの『教育芸術』（高橋巖訳、筑摩書房、一九八九年）という本でした。ぱっとページを開いてみると、お魚の絵とFの文字が目に飛び込んできました。

そして、なぜか「これだ！」と思っちゃったんですよ。本の中身も読まずに（笑）。『教育芸術』は図書館で借

りて読みました。

当時はまだ一年生だったので、授業のほとんどは一般教養で教育関係の授業は少なかったのですが、「教育原理」の授業でペスタロッチやヘルバルトなどについて取り上げられるものの、そこで出てくるお話がそんなにピンとこなくて……。

けれども、シュタイナーの本を読んでみたらとにかく面白い。教育学関係の本のなかに「こんなにも面白い本があるのか」と感動しました。

ちょうどその頃、子安美知子さんの『ミュンヘンの小学生――娘が学んだシュタイナー学校』（中公新書、一九七五年）がベストセラーになっていた時期だったのですが、この本を読んでますます「こんな学校が日本にあったらいいな」、「こんな学校の先生になりたいな」と思ったんです。こうして、シュタイナー教育についてきちんと学びたいと考えるようになりました。

大学二年か三年生のとき、大学のゼミで自分の読んだ本を発表するという課題が出されたんですね。二回ほど発表の担当が回ってくるのですが、一回目は心理学者の河合隼雄さんの本について発表し、二回目はシュタイナーについて発表することにしました。

発表準備のためにシュタイナー教育に関して詳しく調べ、ゼミで「七年ごとの発達段階」を中心にプレゼンしました。その考え方、発達の見方がとても腑に落ちたからです。

シュタイナーの文献を読んでいると、カルマの話だったり生まれる前や死後の話

『教育芸術』の挿絵（シュタイナー『教育芸術１　方法論と教授法』筑摩書房、1989年、７頁）

だったりといろいろな話が出てきますよね。大学一年生でそうした話に触れたときには、実をいうとかなり抵抗があったんです。当時は新興宗教の危険性がマスコミで取り上げられていた時代だったので、やっぱりシュタイナーは怪しいんじゃないかという思いも湧いてきました。なにせ一八歳でしたからね。「ちょっと怖いな」と思いました。けれども、七年ごとの発達段階の話はものすごくしっくりきて、真実が語られているかもしれないと予感しました。新興宗教の閉鎖性や枠にはまった考えが嫌だと感じているのに、目に見えないことというだけで「怖い」と思ってしまうのは、自分で枠を作っているからなのかなと考えました。一般社会の常識的な枠の中に自分をはめ込んでしまっているんじゃないか。そのように考えるなかで、海外で本格的にシュタイナーを学んでみようという思いが湧き起こってきたんです。

当時、東京シュタイナーシューレ（シュタイナー学園の前身）では、月一で水彩の会などが開催されていました。何回かは参加してみたのですが、私はまだ一八歳だったので、月一で学ぶというペースがちょっとじれったく感じてしまいました。筑波大学で開講されていた秦理絵子先生（オイリュトミスト）の講座にも参加しました。はじめて出会ったシュタイナー関係の方が秦先生でした。

大学を卒業して、イギリスのエマソンカレッジ（Emerson College シュタイナーの思想に基づき、フランシス・エドマンズが一九六二年に創設したカレッジで、教員養成コースが開講されている）に留学することにしました。けれども、そのときは、帰国したら公立学校の先生になろうと思っており、シュタイナー教育の考え方を活かして公立で働こうと考えていたんです。大学のゼミの先生には、エマソンカレッジに留学することで教員採用試験を受ける際、不利になりませんかと質問したことを覚えています（笑）。

三月に大学を卒業したあと、九月にエマソンカレッジへ留学するまでのあいだ、留学のための資金を貯めることにしました。そんな折、「先生が足りないので働いてほしい。教頭先生がクラスを受け持っている状態なんだ」

と地元の教育委員会から声をかけていただき、五か月ほど小学校で働くことになりました。子どもたちに「先生は子ども？　それとも大人？」と聞かれるほど私は子どもみたいだったのですが（笑）。

短い公立小学校での経験のなかで、特に印象的だったのは、教員研修会の場での出来事。シュタイナーの名前は出さずに、シュタイナーの考えを織り交ぜて発言したところ、先輩の先生方から、「君の言うことは面白い。素人っぽくて面白いよ」と言われたんです（笑）。

それを聞いて、シュタイナーの言っていることは、実はすごく素朴なことなのではないかと感じました。そして同時に、私にとってとても大事にしたいと思える考え方なのだと改めて思いました。

留学については、恐れもありました。エマソンカレッジは田舎にあるんですよね。ものすごく綺麗でいいところなんですが、ロンドンから電車で一時間ぐらいのイースト・グリンステッドという駅から、バスか車でアクセスしなくてはいけない。はじめてエマソンカレッジを訪れた際、駅にカレッジのバスが迎えに来てくれたのですが、そのバスがとてもボロく、窓のところに鉄格子みたいなのがついていて（笑）。ちょっと恐ろしかったです。

カレッジに到着して食事の時間になったのですが（あとから思えば「森の中のかわいい小屋」という雰囲気なのですが）、はじめてのお昼御飯がベジタリアンの食事で、お肉が入っていませんでした。実際は週に二回、お肉やお魚の出る料理があるのですが、そのことを知らないので、これからずっと野菜だけの生活なのかと思って（笑）。そのうえ、その森の小屋で料理をサーブしてくれたスペイン人のおばあさんが、まさに魔女というイメージの人だったんですよ（笑）。いまでは笑い話ですが、最初の段階では、その環境にすごくびびってしまいました。

イギリスに留学して一年目は基礎的なことを学びました。そして一年目のあいだは帰国後に公立学校で働くことを考えていました。けれど、二年目になって本格的に学びを深めてゆくなかで、帰国後すぐに公立で働き始めてしまったら、公立でシュタイナー教育に基づく実践をすることはできないだろうと思ったんです。

自分の中でシュタイナー教育の考え方や子どもの見方が腑に落ち、本当に自分のものになってからだったら、公立でもシュタイナー教育が活かせるかもしれない。けれども、最初から公立で教員になってしまったら、そこに飲み込まれてしまうのではないか。だから、最初のうちはシュタイナー学校で働きたい。そして、自分の中にしっかりしたものができたら、公立に戻ろうと若い頃の私は考えていました。

増渕智氏（シュタイナー学園）の場合
大学在学時にアメリカ留学／大学卒業後エマソンカレッジ留学／東京シュタイナーシューレでの研修
担当：八年生担任

私は青森県の十和田市の出身で、小さな田舎で小学校時代を過ごしました。中学からは引っ越して町の学校に行くことになったのですが、その学校がいわゆるマンモス校で、当時全校生徒は一五〇〇人もいました。住む場所も変わったし、学校の規模もまったく違ったので、カルチャーショックを受け、ちょっとおどおど、びくびくしていました。当時、僕らの時代は学校が結構荒れていて、校内暴力も問題視されるような時代だったんです。そんなこともあり、かなり緊張しながら学校に通った覚えがあるのですが、そこで迎え入れてくれた担任の先生が非常にすばらしい先生で、若い音楽の先生だったんです。確固たる信念も持ちながら、でも、柔軟性もあわせ持った方で。その方と出会い、自分も教師を目指そうと思いました。都会の大学に行くのは自分には合わない感じがすると思ったので、北海道教育大学の釧路校に進学しました。ただ、教育大学ということで、みんなが本気で教師を目指していると思っていたのに、（いま思えば当然なんですけれど）すごく熱い学生もいますが、授業を真面目に受けてないような学生もたくさんいたりして、失望感を覚えたんですよね。

大学一年の春休み、ある友人から「増渕君、この本面白いから、ちょっと読んでみなよ」と手渡されたのが子安美知子さんの『ミュンヘンの中学生――シュタイナー学校の教室から』（朝日新聞社、一九八〇年）でした。その本を読んで、とても驚きましたね。大学に入ってから失望感のあった時期でしたので、ものすごく明るい光のようにその本を捉えたんですよ。

そのときにまず僕が思ったのは、シュタイナー学校の教師になりたいということではなく、実は生徒になりたいという思いだったんです。シュタイナー教育についての勉強はしたいけれど、教師になるための勉強ではなく生徒として学びたいと思ったものですから、高等部のあるアメリカのシュタイナー学校に手紙を書くことにしました。

なぜアメリカだったのか。当時は、いまのようにインターネット環境がまだまだ整っていなくて、勉強しようと思ったら、東京に行くしかなかったんです。

でも、僕は大学生だったし、時間もお金もそんなにない。どうやったら勉強できるのかなと思って調べたんです。北海道には、札幌にシュタイナーの勉強会があるにはあったのですが、釧路から札幌は距離もあるので行きづらいなと思って、どうせだったら、朝から晩までシュタイナー教育を体験することを通して学ぶのが手っ取り早いなと思ったんです。また、外国に行ってみたいという気持ちもありました。ただ、ドイツ語がわからないのでドイツは行けないなと。英語も得意ではなかったけれど、英語のほうがまだ何とかなるんじゃないかなと思って、そこから英語をかなり一生懸命勉強し始めたんです。

アメリカのシュタイナー学校のリストを取り寄せて調べたら、高等部のあるシュタイナー学校が二五校くらいあるということがわかったので、全部の学校に手紙を書きました。「高校はもう卒業しちゃっていますけど、そちらのシュタイナー学校で学びたいと思っているので、ぜひ高等部に入れてくれませんか」という手紙です。

それから手紙の返事を待っていたんですが、待てど暮らせど返事は来なくて、やっと返ってきたのがカリフォルニアのサクラメントにある学校。「あなたはもう年を取り過ぎているので残念ながら高等部には受け入れられません」と返事がきたんですね。

ちゃんと返事が来たのはそこと、もう一校。ロサンゼルス郊外にあるハイランドホールというシュタイナー学校のティムという先生からわざわざ電話がかかってきたんですよ。

僕は当時、大学の寮に住んでいたのですが、寮に電話がかかってきて、「どうしてシュタイナー教育に興味持ったの」とか、「どんなことをしたいと思っているの」とか、「あなたは将来、先生になる気があるのか」とか、いろいろ質問が飛んでくるんですね。僕はそれらの質問に答えていたんですよ。最後になって、電話をかけてきたティム先生が「最初に言わなくて申し訳ない。実はこの電話は、インタビューだったんだ」って言うんですよ。「高等部に入るにはちょっと年がいっているから、あなたの要望はかなえられない。けれど、大人のためのコースがあるから、もしよかったら、そっちに来てみるかい」と誘ってくださったのです。

「わかりました。ぜひ行かせてください」と言って、僕はその次の年、大学三年生の夏から大学を休学したんです。結局、電話で話をしたティム先生の家に一年近くホームステイをして。ティム先生は実は州立大学で地理学担当の教授をしていたんですね。彼はハイランドホールの基礎コースにも深く関わっている人で、シュタイナー学校の高等部でも地理の授業を受け持っていました。また、彼の奥さんもシュタイナー学校の担任の先生をされていました。こうして、アメリカに渡り、シュタイナー教育の大人のための基礎コースで、シュタイナー教育の理念を学ぶことになりました。

ホームステイが終わりを迎える頃、ティム先生から「これからどうするつもりなんだ」と尋ねられ、「実はもう少しシュタイナー教育の学びを進めたい、深めたいと思っている」と答えたんですよ。基礎コースは終わったけれど、教師になるための実際的な学びはもっと先にあると。ティム先生からは「お前はもうアメリカの文化や学校のことはある程度わかったんだから、もし深くシュタイナー教育について学ぶんだったらヨーロッパへ行ったらどうだ。イギリスのエマソンカレッジの教員養成コースで学んでみたら」と提案されたんです。

その後、一度、北海道教育大学に復学しました。復学して、きちんと卒業しないと教員免許がもらえませんので。いずれ教師になるんだったら、ちゃんと卒業したほうがいいだろうということで。そして、一九九二年の九月からイギリスのエマソンカレッジに留学することにしたのです。

大学卒業後、半年ぐらい、上京して日野市にある日野自動車の工場で季節労働者として働きました。半年で一〇〇万円ぐらいたまったのかな。それを留学の資金に充てて、エマソンカレッジに行くことになりました。エマソンカレッジでは二年かけて教員養成の実践的な学びを深めるコースへ進学しました。

とはいえ、実は、アメリカへ渡ったときも、イギリスに留学したときも、帰国後すぐにシュタイナー学校の教師になろうとは、はっきりとは思っていなかったんです。

ただ、はっきりと、教師にはなりたい、シュタイナー教育を学んで、それを何らかの形で活かしたいという思いはありました。

最初のうち、海外に行っているあいだは、日本の公教育のなかで行われているいろんなことがすごく堅苦しく、息苦しく感じられ、「教育界に風穴を開けてやろう」ぐらいの気持ちで海外に行ったんです。若かったんでしょうね、勢いだけで行動していたところはあります。

帰国の時点では、日本の公立学校や私立学校で働くことも選択肢の一つとしてはありました。イギリスから青森に一旦帰ってきて、とりあえず臨時の講師として青森で仕事をしてみようと思い、講師登録もしました。

そんな折、東京三鷹にあった東京シュタイナーシューレ（シュタイナー学園の前身）へ見学に行ったんです。その学校で当時教えていた竹田喜代子先生(6)という音楽の先生に、北海道で出会うことになります。竹田先生が泊り込みの教育芸術講座を北海道で開講するということを知り、ちょうど夏休みだし、特に何もすることがなかったので、僕はイギリスから帰ってきて早々、北海道で開講された竹田先生の講座に参加することにしました。

彼女の音楽の講座は本当にすばらしい内容でした。音に耳を澄ますということがすごく深いことなんだと感動を覚えて、やはり自分はこういう学校で仕事をしたい、こういう先生がいるところで同僚として働いてみたいと思ったんです。

人がいっぱいいるので東京で働くのは嫌だなーと思っていたのに、北海道で講座を受けているあいだに東京で働こうと決めちゃったんですよね。その日の晩に実家に電話しました。実は臨時採用のお話も来ていたのですが「申し訳ありません、断ります。僕は青森には帰らずに東京に出ることにしました」と親に電話で伝えました。

東京シュタイナーシューレで、最初は研修生になりました。研修生時代のはじめの三か月は無給でしたので、当然、生活をしていけません。竹田先生の御主人が働いていらっしゃる出版社でアルバイトをしつつ、土曜クラスの講師もしながら生活費を稼ぎ、研修生として学びを深めました。

そして、研修期間中に、次年度から担任になることが決まりました。担任になるための準備期間ということで、出版社でのアルバイトを辞め、一月〜三月はシューレの研修と土曜クラスに専念しました。アルバイトで得ていた収入は、かわりにシューレからいただきました。こうして、一九九五年の四月から担任をつとめることになったのです。

安藤しおり氏（京田辺シュタイナー学校）の場合
ウテ・クレーマー氏との劇的な出会い／エマソンカレッジ留学
担当：高等部担任、芸術史・音楽

私は山口県の下関出身で、高校まで公立の学校に通いました。保育園から高校まですべて徒歩一五分圏内でした（笑）。当時の生活はものすごくハッピーだったわけでも、不幸だったわけでもなく、ごく普通だったんです。ごく普通なんだけど、どこかすごく退屈している部分が常にあったんですよ、小さい頃から。勉強ができ過ぎて退屈とか、そういうことではなくて、何かが常に満たされなかったんです。先生は好きだし、友達も好きだし、はたから見れば幸せそうに生活しているんだけど……。

小学校の高学年ぐらいから海外の教育に興味を持ち、海外の教育に関する本を読むのが好きでした。「ああ、いいな、楽しそうだな」と、漠然と感じていました。

下関は当時、高校のあり方が保守的で、女子校、男子校が多かったのですが、地元の進学校が共学だったので「共学がいいな」と考えて進みました。

高校生活も楽しかったのですが、勉強が面白くなくて……受験への圧力はすごかったです。学校の勉強がつまらないなと思っていた高校一年の夏休みに、子安美知子先生の『ミュンヘンの小学生』に出会ったんです。一六

（6）竹田喜代子氏は、四〇年以上にわたりアントロポゾフィー（シュタイナー）音楽療法に従事してきたわが国を代表するアントロポゾフィー音楽療法士（ゲーテアヌム精神科学自由大学医学部門認定）である。東京シュタイナーシューレ（現・学校法人シュタイナー学園）の音楽教師を一二年間つとめ、障がいをもつ子どもの教育にも取り組み、医療機関で音楽療法を実施してきた。二〇一一年よりドイツ・ベルリン・ハーベルヘーエにある音楽療法士養成所と提携し、日本初のアントロポゾフィー音楽療法士養成に従事している。

歳になる頃。そのときに「ああ、これだな」と思いました。そして、河津雄介著『シュタイナー学校の教師教育——シュタイナー教育教員養成ゼミナール体験記』（創林社、一九八七年）や子安美知子著『日本（ヤーパン）の夏』（朝日新聞社、一九八八年）などを立て続けに読みました。

その頃、自分は将来小学校の先生になるのだろうと思っていました。だから、小学校の教員免許が取れて、しかもシュタイナー教育の研究ができる大学を探しました。この条件に当てはまるのが広島大学でした。当時は広瀬俊雄先生（八七頁注14を参照）がいらっしゃった時代。高校三年生の夏休みにオープンキャンパスに行くと偶然、広瀬先生ご本人にお会いできたので、「シュタイナー教育について学びたいです」とお伝えしました。すると、先生から「入学できたら私の研究室で学ぶといい」と言っていただきました。

無事大学には入学しましたが、研究より実践に惹きつけられる日々でした。ひと夏、北海道の牧場で働いたこともあります。その帰り道でたまたま出会った人に、栃木の那須塩原にある「創造の森・保育園」（シュタイナー教育の保育園）を紹介していただき、青春18きっぷで訪れました。それがきっかけで、長期休みになると、園長先生のお家に泊まって、隣接している「創造の森・農園レストラン」のお手伝いをしたり、ほかにも、熊本のぽっこわぱ耕文舎というバイオダイナミック農場で作業をしたり、広島で親子オイリュトミーの際の、幼児の託児をしたりしていました。

そうこうしているうちに、大学三年生になりました。当時の日本にはまだ、東京シュタイナーシューレ（シュタイナー学園の前身）が一つあるくらいの頃だったので、このままシュタイナー教育について学んだとしても、その先があるか不安でした。また、私は庶民的な生活をしてきたので、教育熱心で財力もある家庭の子どもだけを相手にした教育でいいのかという問い、むしろ公教育のなかでがんばるべきかという悩みがありました。

大学三年生の春、学部の実習で公立小学校に行きました。そこで出会った先生は、一時期ドラマで流行った

「女王の教室」の中にでてくる先生の男性版のような雰囲気で（笑）。教室の中で先生が君臨し、子どもたちが縮み上がっているような状況でした。この体験が衝撃的で、これはまずいなと思いました。

そんななか、ウテ・クレーマーさん（ドイツで生まれ、ブラジル・サンパウロのシュタイナー学校で教えた経験を持ち、ブラジルの貧民街で教育活動を展開した）が来日されて、日本各地で講演されるという情報が入りました。下関でも講演会が開催されるというので、広島から下関に帰省したんです。

講演会の会場に行ったら、会場で「託児の担当者がいない！」という状況になっていて。私はウテさんの講演を聞きに行ったのですが、気がついたらそこで託児をやっていて（笑）。「まあいいか」とは思ったのですが、講演を聞くことはできなかったんですね。

ただ、そこですごい台風が来てしまって、次の講演地の岡山へ向かうウテさんにとっては困った状況になりました。私も広島に戻る予定だったので、お手伝いも兼ねて一緒に動くことに……。道中でいろいろと話し込むうちに広島を通り過ぎ、岡山でウテさんと一泊することになって（笑）。

いま振り返ってみると、二〇歳のときの公立校での教育実習とウテさんとの出会いが私にとっての転換期でした。「ああ、こっちに行くんだな」と思ったんですよね。そう決めた翌年、大学附属校での実習では、研究熱心で人間として憧れるような先生方との出会いがあったので、出会いのタイミングというのもまた、本当に不思議なものだと思います。

子どもが本当に好きだったんですよ。だから、在学中に日本の小学校の教員免許だけでなく、幼稚園、中学、高校の免許と、保育士資格も取得しました。

また、夏休みに、当時アメリカのサクラメントにいらっしゃった大村祐子さん(7)が同僚や生徒さんたちと帰国し金沢で開催したワークショップに参加しました。

その影響もあり、私は大学を卒業したらサクラメントに行きたいと思うようになりました。ただ、教授から本場のドイツで学んだほうがよいというご意見もいただいたので、両方を見てから留学先を決めようと思い、卒業の少し前の時期に、格安航空券でアメリカとドイツをめぐる旅に出ました。ドイツのシュトゥットガルトでは、仲正雄さん（治療教育家・ライアー奏者。長年ドイツで治療教育の現場に関わる）が現地を案内してくださいました。

その後、アメリカへ移動する途中、ストップオーバー（目的地へ向かう途中の乗継地にて二四時間以上滞在すること）でイギリスに寄ったんですね。そういえばイギリスにも教員養成をやっている場があったなと思い出して。エマソンカレッジに行き、本館の屋根裏部屋に一週間ぐらい滞在し、授業を受けさせていただきました。

昼間は講義を受けたのですが、夜は生徒のみんなと飲んで踊ってどんちゃん騒ぎ。部屋の鍵をなくして寮母さんを明け方に起こしたり（苦笑）。とにかくむちゃくちゃで。「ここにはもう二度と来ないから許してほしい」と思ってそこを去りました（笑）。

けれども、帰国後にアメリカとドイツ、イギリスでの日々を反芻するうちに「ああ、イギリスがいいな」と思ってしまったんです。イギリスの「人間サイズ」で、重過ぎない感じが私にはよかったのかも。とにかくイギリスに留学しようと決意しました。

大学卒業後はその準備のためにフリーターをしました。パン屋、塾講師、家庭教師、高齢者施設のケアワーカー……どの仕事も楽しく充実していました。父の仕事を手伝った土木工事（測量）が特によかったですね。そのままフリーターとして二、三年働くつもりだったのですが予定が早まり、その年の秋、二三歳になったばかりの頃、イギリスに渡りました。

山下亜弓氏（東京賢治シュタイナー学校）の場合
バックパッカーとしてアフリカを旅／アルバイト先で出会ったシュタイナー学校の生徒
担当：四年生担任、低学年英語、低学年音楽

小学校六年生の頃に、将来は教師になりたいと思うようになりました。私が通っていた小学校には特別支援学級があったのですが、学校でお楽しみ会が開催されたときに、ちょうど特別支援学級の男の子が私の班に一人でやって来たんです。その男の子との関わりのなかで、将来は特別支援の仕事に携わりたいという思いが湧き起こり、以降、ずっと特別支援学校の先生になりたいという夢を抱いていました。

中学・高校とその思いは変わらず、教育学部のある大学に進学しました。学部で教育について専門的に学び始めたのですが、海外旅行に行き始めたことがきっかけで国際協力への関心も芽生え、少し揺れていた時期がありました。教育に関わりたいという思いはブレなかったのですが、視野が広がり、海外で何かしたいという思いも強くなったのです。

三年生のときに、小学校教員を目指すコースか教育学を専攻するコースを選ぶことになったのですが、私は小学校コースへは進まずに、教育学コースに進みました。

教員免許は取得せずに卒業し、今後はどうしようかと考えていました。海外に行きたいという思いはあったので、卒業後半年間はバックパッカーとしてアフリカを旅しました。

(7)　大村祐子氏はカリフォルニア州サクラメントのルドルフ・シュタイナー・カレッジで学んだあと、シュタイナー学校、シュタイナー・カレッジで教え、北海道で日本初の人智学共同体「ひびきの村」を始めた。

その間、ザンビアでワークアウェイというプログラム（自分たちが働くかわりにホスト側が食事や宿泊場所を提供してくれるプログラム）に参加し、現地のＮＧＯがやっている田舎の盲学校に行くことになったんです。

電気もないし、水も井戸で汲んでいるような場所で、何人かの子どもたちが住み込みで学んでいたのですが、そこには先生がいなかったんです。ただ、子どもたちだけがいる場所になっていて。たまたま入ったボランティアの私に対して「何かやってくれ」と要望をいただいたのですが。「いやいや、何もできることはない。はじめて出会う子どもたちに何ができるんだ」と感じ、そこで「人の前に立つには、技術を身につけなければいけないんだ」と痛感しました。そして、もう一度きちんと教育のことを学びたいと思い至りました。

帰国してからは、通信教育で小学校教諭と特別支援の教員免許取得を目指し、同時にアルバイトを始めました。そのアルバイト先で出会ったのが、当時、東京賢治シュタイナー学校の一二年生だった男子生徒だったんです。アルバイト先では男の子のお母さんも薬剤師さんとして働いていました。

最初にその青年を見たときに、立ち姿の美しさ、柔らかさ、雰囲気に驚きました。私が高校生のときに出会ってきた生徒たちとはまったく違う一八歳の姿を目の当たりにしたんです。お客さんとやりとりをしている様子の柔らかさも印象的で、人としてものすごく魅力を感じたんですよね。

彼と話をしていて、シュタイナー学校の存在を知りました。教育系の大学を卒業したものの、シュタイナー教育に触れる機会がなかったので、恥ずかしながら、その時点でシュタイナー教育についてまったく知識を持っていなかったんです。

その生徒のお母さんに、教員免許取得のための勉強をしていると伝えたところ、「一度、東京賢治シュタイナー学校を見においで。先生を目指しているならぜひ見学にきてほしい」と声をかけていただきました。そして、オープンスクールの機会を利用して学校を訪れることになりました。

体験授業を受けた際に、後藤洋子先生（後出）とはじめて出会いました。先生とお話するうちに、「学童に参加して、子どもたちと関わってみませんか」とお誘いいただき、喜んでお受けすることにしました。

通信教育課程で勉強し、アルバイトもしつつ、週二回ぐらい東京賢治シュタイナー学校に通って学童の時間に子どもたちと関わるという生活のスタートです。当時は親のためのシュタイナー教育講座が対面形式で行われていたので、週に二度ほど講座を受け、シュタイナー教育について学びました。

そんな折、ちょうど東京賢治シュタイナー学校で教員養成プログラムの第一期が始まると知り、同校で開講される教員養成プログラムの第一期生として学ぶことになりました。当時は十数名の方が日本全国から集まっていて、二〇代は私一人という雰囲気だったのですが、こうして本格的なシュタイナー教育の学びが始まりました。

佐藤邦宏氏（北海道シュタイナー学園）**の場合**

哲学書ばかりを読んだ高校時代／高校卒業後にアメリカ留学

担当：四年生担任、高等部社会・世界史

私は地元が新潟県で、高校時代はいわゆる地元の進学校に通っていました。世界史などについてもっとものごとを深く突き詰めて学べるのだと思っていましたが、学校では大学受験に向けた勉強ばかり。高校二年生のはじめには人生が苦しくなって、哲学の本、陽明学の本などを読んでいました。なぜ知識を覚えるだけの勉強なのだろうと疑問に思い、勉強をする気になれませんでした。まわりの同級生は大学に入ってからやりたい勉強をすればよいとわりきっていたのですが、私はいまどう生きればいいのか、そういったことを学びたかったんです。真っすぐ過ぎる自分がいたんですね。

高校三年生の卒業式のあと、三月半ばでしたが、一人地元の図書館（長岡市立中央図書館）に行ったんです。とても大きな図書館で、高校時代によく、学校へ行かずに哲学の本などを探して読んでいた場所なのですが、立地も良く、自宅と高校のちょうど中間に位置しているんですね。「いまの日本の学校教育は、これしかないのか？」という怒りに満ちた問いをもって教育書コーナーにはじめて向かったんですが、でも、行く前から答えは決まっていたんですよ。「ない」という勝手な答えが（笑）。

ところが、足を運んだ教育書コーナーのところには驚くほどたくさんの目を開いてくれる本があったのです。ひとつは『世界の自由学校——子どもを生かす新しい教育』（堀真一郎編著、麦秋社、一九八五年）という本で、世界中のいろいろな自由教育が紹介されていました。この本を読み、サマーヒル（イギリスの教育家ニイル A.S. Neill が一九二一年に設立した学校）とシュタイナー学校にがつんと心をやられました。同じ本棚を見渡してみると、シュタイナー教育の本がたくさん並んでいることに気付いたのです。子安美知子さんの『ミュンヘンの小学生』や、私がのちに留学することになるアメリカ・カリフォルニア州サクラメントのルドルフシュタイナーカレッジ元学長ルネ・ケリードーさんの本『シュタイナー教育の創造性』（佐々木正人訳、小学館、一九八九年）を見つけたのです。その本の後ろには、サクラメントのシュタイナーカレッジのコース紹介もあり、心惹かれました。

この教育の発見を両親に伝えたのですが、「私たちも知らなかった、そうなんだね」と、理解を示してくれたのは、とてもありがたいことでした。その後、自分の心の声に従って芸術を学ぶために、アメリカのシュタイナーカレッジに行こうと決めたとき、両親は大学の資金をためておいてくれたのですが、「ぜひ行ってきたほうがいい」と背中を押してくれました。それがなければ行くことはできませんでした。深く感謝しています。

両親とは高校二、三年のときはぶつかることもありました。試験勉強もしないで哲学書ばかり読んでいるので、

「勉強してくれ」と母に泣かれたこともあります。それでも「自分の道を歩むのが一番」という考えの両親だったので、アメリカへの留学の道を理解してくれました。高校卒業後は一年半ほど英語を勉強し、一九九七年九月にアメリカに渡りました。そのとき、サクラメントのルドルフシュタイナーカレッジには日本人のための自然と芸術のコースがあったのです。のちにいずみの学校を創設することになる大村祐子さんが始めていたコースで、一年間シュタイナーの芸術や哲学を学び、すばらしい人柄のシュタイナー学校の先生方に出会って、魂の栄養をたくさんもらいました。

翌年からはアメリカ人が通うシュタイナー教師養成プログラムの基礎コースに入学し、そのまま二年目もカレッジに通って教師養成を修了するはずでしたが、「ああ、自分は生活面においても経済面においても何にもできない」と思ったんですよ。本当の意味で働いたこともなかったので。「これでは駄目だ。こんな状態では教師にはとてもなれない」と思いました。それで考えて、アメリカの東海岸にあるキャンプヒルスペシャルスクール、いわゆるシュタイナーの治療教育コミュニティで半年間ボランティアをすることに決めたのです。壁にうんちをつける子や叫び出す子などいろいろな子どもたちがいましたが、その寄宿舎学校で働いて大分鍛えられて、その後、ふたたびカルフォルニアに戻って教員養成（一～八年生担任）の二年目を修了したんです。二〇〇一年八月末に帰国したのですが、それは同時多発テロ事件の直前でした。その翌年はじめ、ふとしたきっかけで北海道のひびきの村の大村祐子さんから電話をもらい、いずみの学校の高等部九年生の担任になってほしいと言われて、高等部のトレーニングも受けていないのに、引き受けてしまったんです。これがシュタイナー学校の教師になるまでの私の道のりです。

3　社会人経験のある教師たち

本節では社会人経験のある九人の教師たちの来歴をみていくことにする。一口に社会人経験といっても、その内実はさまざま。教育関係の仕事をしていた者もいれば、教育とはまったく関係のない仕事をしていた者もいる。また、学生時代に教員免許を取得していた者もいれば、社会人になってから取得した者もいる。彼・彼女らはどのようにして、どんなきっかけでシュタイナー教育の道へと誘われていったのだろうか。

廣田聖子氏（シュタイナー学園）の場合
スイスで過ごした高校時代／カナダの大学、オランダの大学院で学ぶ／フランスでのワーキングホリデー
担当：一一年生アドバイザー、英語

自分の意志だけで「教師になった」ということはまったく言えず、これまで生かされてきたなかで起きた出来事や、周りの人々の言葉や協力があって、シュタイナー学校の先生として導かれた、指導を受けてきたと感じています。

最初のきっかけは、小学校五年生のときに体験した阪神・淡路大震災でした。地震が発生したとき、とっさに「机の下に隠れなきゃ」と思い、寝ぼけながら台所の食卓に行こうとした私を母が必死に止めました。台所では食器棚が倒れ、割れた食器で食卓の下までガラスの海。その光景に私は、「学校で教わることが常に正しいわけではない、状況によって変わるのだ」と考えざるをえなくなりました。前思春期と相まって、教師の言うことや学校の校則などに対し強い反感と疑問を抱くようになり、そのまま中学生になりました。

知ること・学ぶことが好きだったこともあり、中学三年間は、ひたすら勉学に励み、いわゆる受験のための勉強は得意になりました。一方で、こんなに問題の答え方だけうまくなって、私はいったい何を学んでいると言えるのだろうか、という疑問や怖れを感じるようになりました。一学年三五〇人以上いるような公立中学で、クラスには「勉強はできない不良の子たち」というレッテルを貼られているクラスメートが数名いましたが、彼らの発言は的を射ていて、鋭い視点を持ち、とても面白い、賢い人たちだと感じていました。しかし、その反抗的な態度とテストでは点数を取れないということから、成績が悪く劣等生として、教員たちからひどい扱いを受けていました。受験勉強ができるかどうか、従順かどうかで、人間の扱いが変わるということは許されていいのか。受験問題が得意ということと、その人が賢いということは、まったく別物ではないか、などと考えるようになりました。

そんな思いを抱えつつ、中学三年になり高校進学を考えたとき、受験勉強だけをするような進学校には行きたくない、もっと本質的なことも学びたい、生徒の人間性が尊重されるような学校に行きたいと思うようになりました。実際には、姉妹喧嘩のやめ方もわからず、反抗期のギスギスした気持ちで送る毎日から逃げ出したい、という思いもあったと思います。

とはいえ、「受験勉強だけにならない学校に行きたい」などと学校の先生にも相談できず、通っていた公文式の先生に相談しました。「明日が申し込みの締め切りだけど、スイスに公文の日本人学校があるよ」と教えてもらい、数週間後には受験し、その半年後にはスイスで高校生になっていました。

スイスの学校は全寮制で、日本各地から生徒が集まってきていて、先生方の国籍も多様でした。イギリス人、アメリカ人、カナダ人、ニュージーランド人、スイス人、フランス人、日本人……。さまざまなバックグラウンドを持つ先生方の、教え方、教師としての立ち方、生徒との関わり方に触れ、世の中にはこんなにいろいろな先生がいるのだと驚き、またさまざまな地方から集まってくる同級生や先輩、後輩との関わりからも多くを学びました。特に、英文学の授業で、シェイクスピアの戯曲をはじめ、世界の文学作品を原文で最初から最後までを詳細に読み、その訴えるメッセージの普遍性や表現の巧みさに感動し、学ぶことで心や精神が豊かになっていくことを感じました。この経験は、現在英語教員として教え、生徒の成長段階にあった教材を考えるうえでも基礎になっています。

高校三年間で、ヨーロッパの国々を巡り、短期交換留学でカナダの高校で学んだり、アメリカのジョージタウン大学で夏のプログラムにも参加したり、高校三年次にはオランダのハーグでの模擬国連にも参加しました。育ってきた環境の違う人々と交流し、自分の意見を伝えることや相手の意見を聞くことの難しさを実感しました。同時に、知り合った人々と心を開いて話をし、出会うことの不思議さと喜びは、いま、世界のシュタイナー学校に交換留学に出かけていく生徒を支えたいという力になっています。

高校卒業後は、カナダの大学に進学しました。進学するまではわからなかったのですが、進学先のカナダの大学は、左よりの大学でした。右翼政権が台頭した国から亡命した知識人の教授が数多く在籍しており、国際開発学、経済学、英文学、哲学、カルチュラルスタディーズの講義を受けるなかで、人を助けるという名目の国際協力にも利権が絡んでしまうことを教えられ、大企業がどう人間性を奪っていくかについても徹底的に学ぶことになりました。特に中米の最貧国ニカラグアでのフィールドワークで、国際的な経済支援というものが実際は政治的にもかなり制約を課されたものになっており、その国やコミュニティが自立していく力を奪っていった現実を見て、支援は国を育てるにしても人を育てるにしても、上から何をしなさいとお膳立てして与えるだけでは自立していく助けにはならず、自尊心を奪われた人々が依存することになるということを感じました。ここでも、学ぶとは何か、教えるとは何か、ということを深く考えさせられました。

大学卒業の年には、卒業後の生活をどうするか悩み、他の日本人留学生と同様にボストンキャリアフォーラムという大きな就活イベントにも足を運びましたが、批判的な思想が強すぎて、企業に就職など決まるはずもなく……諦めて大学院に進もうと考えました。

現代思想をさらに深く学ぶためにオランダのアムステルダム大学大学院に進学しました。大学院生としての生活の傍ら、土曜日にはオランダの日本人補習校で小学校二年生の授業を担当しました。平日はそれぞれ違う学校に通っている子どもたちが、土曜日に補習校で学ぶのです。オランダの現地校に通う子、アメリカ系のインターナショナルスクール、イギリス系のインターナショナルスクール、シュタイナー学校など、さまざまな学校に通う子どもたちが入り混じっていました。

日々の習慣や周りの大人の立ち居振る舞いが子どもたちをつくっていると大きく感じたのは、アメリカ系の学校の生徒は足を平気で机の上に乗せ、イギリス系の学校の生徒は姿勢が正しく発言も真面目、そんななか、シュタイナー学校の子が一人いて、なぜか目がキラキラしていつも楽しそうにしていました。「この目がキラキラした子は何なの?」とすごく驚き、オランダに長く暮らす同僚に聞いてみたところ、「ああ、あの子、典型的なシュタイナーの子だね」と。「シュタイナー学校に通っている子たちは天真爛漫で目がキラキラしている、それが典型的なのか!」と感動しました。ただ、その時点ではシュタイナー教育について、名前は聞いたことがあるというだけの状態でした。

シュタイナーについても、大学ではオカルトの人ということであまり良いイメージでは取り扱われず、私もどちらかというと敬遠していました。目に見えることだけが世界のすべてではない、として本質的なことを直感的に捉えることがオカルトだといわれていますが、一般的な哲学の分野でも、世界の現象の奥にある目に見えない原理について考えるとき、それは形而上学という名前で学問として研究されています。呼び名が違うだけで、対象は同じでは⁉と思っても、まだまだ一般的に受け入れられていないシュタイナーの思想について、今後世界のアカデミズムの場でもっと研究が進んでもよいのではないか、といまは思っています。

オランダでの大学院生活を終え、再びその後の人生をどうするか悩みました。大学院時代に通訳や翻訳のアルバイトをした縁から、現地で就職する道もありつつ、帰国しました。仕事をして、お金を稼がなければという気持ちが一方にありつつ、起業するというアイデアもなく、巨大な企業に勤め、大量生産大量消費で崩れそうな社会と地球と共に歩むのか、何をすればいいのだろうという漠然とした迷いと不安がありました。そんなときに、現在の夫から日本を見たほうがいい、旅に出ようと誘われ、日本の海岸線の幹線道路をぐるりと回る旅に出ました。中学を卒業してから約一〇年間離れていた日本を一度見たいという思いもあったと思います。

旅から戻ると、私は何も知らないのだから縁があったところで働かせてもらおうと思う気持ちになり、就職しました。その企業では、社内報の取材で日本全国にある営業所で取材させてもらったり、決算関係の資料を英訳したり、海外投資家向けのアニュアルレポートの作成などの文章を書いたり、英語を使う仕事を主に行っていました。株式会社というものに対して学生時代は批判的でしたが、その中で働いている人に出会い、話をうかがうなかで、さまざまな技術や経験の積み重ねと、いい仕事をしたいという個人の気持ちがあって、それでも少なくとも数字の上で成長し続けなければならない企業のあり方に葛藤を抱えつつ、時に傷つきながら決断したり、睡眠を削ったり、家族との時間を削ったりしながら、人間は働き生きているということがよくわかりました。数年経った頃、私の人生での仕事は何だろうと悩み、ホリスティックなものに惹かれて、働きながらヨガのインストラクターの資格を取ったり、東洋医学のマッサージ師の資格を取ったりしました。その後、働いていた会社が他社と合併するタイミングで、後任も見つかりそうだという算段もつき、フランスへワーキングホリデーに旅立つことにしました。学生時代に学んだ哲学者のデリダやフーコーが生きたパリで、思想を学びたいと。

パリに来てしばらくは語学学校に通いながら、また教員のアルバイトを始めました。八か月くらい経ったときに、日本で東日本大震災と原発事故が発生しました。「あぁ、また地震だ」。阪神・淡路大震災のときに感じたことが3・11で蘇ってきました。人が死んでいく、人生の途中でも、終わりになってしまう。いまを生きていて、大切にしなければならないのは、次々と出会うことも大切だけど、社会で起きていることに目を向け、出会った人を大切にし、家族を大切にし、愛を育むことかもしれない、と強く感じました。そう感じられたことは喜びでもありました。やっと生きる意味がわかった、「自分で答えを見つけられる人間を育てられるようになろう」という思いが湧き起こってきました。

その後、子どもを授かり日本に帰国することになりました。小学校の教員免許を取得すべく、妊娠期間中に通信制の大学に通い始めました。生まれる前になんとかレポートと試験を終わらせようと妊娠期間中は、ずっとレポートを書き、出産予定日にも試験を受けに行っていました。産後半年くらいで教育実習に行き、一年半かけて教員免許を取得。家族のサポートがあったおかげで、子育てをしながらも、免許を取得できました。

出産後に教師として働こうと思ってはいたのですが、小学校の教員はとにかく勤務時間が長い。子どもが生まれたばかりだし、子育てとの両立は現実的ではないと感じました。

そこで、昼間の時間帯にコマ単位で教えられる中高の英語の免許を取ろうと思いました。ただ、私は国内の高校を卒業していないので、教育実習の受け入れ先がありません。教育実習は基本的には出身校で行うものなので、困ったなと。どこか受け入れ先はないかと悩んでいたところ、ふとシュタイナー学校のことを思い出しました。

早速、ネットで日本のシュタイナー学校について調べ、週末に藤野（神奈川県）のシュタイナー学園に足を運びました。すると、土曜日で学校がないにもかかわらず、シュタイナー学園の卒業生のA君が兄弟と学校まで散歩に来ていました。A君と「シュタイナー学園で教育実習したいと考えている」という話をしたのですが、はじめて会った彼の姿を見て驚きました。とにかく目がキラキラしていて。見た目は大人なのに、目が子どもだったんです。このキラキラした目、デジャブだなと。そう、オランダで出会ったシュタイナー学校に通う女の子です。シュタイナー教育では、こういう子が育つんだと改めて感激し、ここで教育実習がしたいと強く思いました。

タイミングが良いことに、翌週、シュタイナー学園のオープンデイが開催されるとのこと。オープンデイに足を運び、いまでは私の同僚でもある柔軟で理解力のある学園の先生とお話をして、教育実習を行わせてもらえることが決まりました。

同時に、シュタイナーの教員養成講座を受講していることが条件だったので、早速調べ、締め切りはすでに過ぎていましたが申し込み、受け入れてもらいました。シュタイナー教育の教員養成講座には、全国からさまざまな経歴の方が集まり、講座の内容と同じくらい、集まった方々と知り合うことがとても楽しかったです。産後間もない時期に実習や講座を受けに行くことができたのは、岐路に立ったときにいつも支えてくれるパートナーのおかげだと感謝しています。

二人目の子どもを出産後、研修生として藤野に通いたいと考えていた矢先、シュタイナー学園で、英語の非常勤の教員を募集しているとお話をいただきました。こうして世界をグルグルと回って長い旅路の果てにようやく流れ着き、シュタイナー学校で英語の教員として働くことになりました。

白田拓子氏（シュタイナー学園）の場合
アパレルメーカー、印刷会社、ベンチャー企業での勤務／土曜クラス担任と社会人、二足のわらじ生活
担当：高等部の国語

私はごく普通のサラリーマン家庭に生まれ、東京郊外の多摩丘陵のふもとで育ちました。幼稚園までは超がつくほどのんびり屋で、母は集団生活に馴染めるか心配だったそうですが、小学校に入ると一転、学校から帰るとランドセルを放り出して暗くなるまで野山を駆け回る野生児へと変貌しました。

九歳のとき父を亡くしたのを境に、大人の嘘がわかるようになりました。「可哀そうに」と口々に言う大人たちが、本当は少しも可哀そうと思っていないことが手に取るようにわかったのです。お葬式が終わり、はじめて登校したときに、担任の先生に言われた「頑張ってね」という励ましも空しく聞こえました。それ以降、〝いい子〟に対する先生の言動を敏感に察知し、〝いい子〟でなかった私はことあるごとに先生に歯向かいました。先生にしてみれば、反抗的なうえに口も立つ扱いづらい子どもに手を焼いたことと思います。とても研究熱心な先生で、公立校なのに課外授業で「家づくり」をしたこともいまでは良い思い出です（当時、教員の間でシュタイナー教育が注目されていたようです）。

先生という職業を漠然と意識するようになったのは、五～六年生のときの担任の先生の影響です。鈴木先生という新任の若い女性の先生で、問題児だった私に真正面から向き合ってくれました。彼女への憧れから「先生っていいいな」と思うようになりました。鈴木先生には、卒業後も遊びに行ったり、進路の相談に乗っていただいたりと何かとお世話になりました。

中学は地元の公立校に進学。一学年九クラスの大規模校で、大勢の生徒を一元的に管理するための理不尽な校則にがんじがらめの日々でした。三年生になり受験を目前にすると、内申点と偏差値でランク分けされ、各々の高校へと振り分けられていきます。その学校が生徒に合うかどうかより、受かるかどうかのほうが重要で、まるでベルトコンベアに載せられ〝出荷〟される商品のようだと感じました。先生はさながら工場の仕分け係といったところです。どこかの高校に必ず合格させなければならないのですから責任重大です。でもあまり楽しそうではありませんでした。子ども心に中学の先生は大変だなと思いました。

そんな頃、母に薦められ『サマーヒル教師の手記——世界でいちばん自由な学校での二年間』（ジョン・ポッター、堀真一郎訳、文化書房博文社、一九八六年）を読んだのが、オルタナティブ教育に興味を持つきっかけでした。こんな正反対の学校があるのだと驚きでした。ミヒャエル・エンデの『モモ』に出会ったのもこの頃です。また中学から大学まで続けた子ども会のシニアリーダーのボランティア活動では、子どもと触れ合う楽しさと、責任を持つことの重さを学びました。

高校は都立高校に進学。またも一学年一〇クラスという大規模校でしたが、幸い進学校ではなかったので、勉強、勉強と追い立てられることもなく、比較的自由な学校でした。画一的だった中学とは打って変わり、高校ではどの教科の先生も自由で個性的で、専門教科を教えることや、先生という仕事そのものを楽しんでいるように見えました。生徒層も多様で、個性豊かな面々が集まっていました。九歳で父を亡くして以来「人は何のために生きるのか」と問い続けていた私は、その答えを学校の外に求め、プロテスタントの教会に通ったり、さまざまなセミナーに参加したりするようになりました。洗礼こそ受けませんでしたが、オカルトブーム全盛の頃に怪しい道へ進まずに済んだのは、教会に通っていたおかげだと思います。

大学時代は日本文学と児童文学を専攻。メルヒェンやファンタジーを研究されている酒寄進一先生のゼミに一年生の頃から入り浸り、「ことば」ととことん向き合う姿勢を叩き込まれました。「辞書を信用するな」「安易にことばを使うな」「自分のことばに責任を持て」……それまでの狭い世界で「常識」「当たり前」と思っていたことが、実はそうではなかったこと、ものごとをさまざまな角度から捉え、背後に潜んでいるものに目を向けることと。ゼミで扱った『北の国から』の世界をリアルで体験する〝半野宿合宿〟など、実際に体験することの大切さも学びました。

ある年、ゼミでミヒャエル・エンデの『はてしない物語』を一年間かけてじっくりと読む機会があり、そこでエンデがシュタイナー学校の出身者であることを知りました。そのときに子安美知子さんの『モモを読む』（朝日新聞出版、一九九一年）を読んだのをきっかけにシュタイナーに興味を持つようになりました。ただ、彼の著書を手にとってみたものの、さっぱり意味がわからず。難しすぎて歯が立ちませんでした（苦笑）。

教員免許を取ったのは、先生になりたいというより、母校の高校に教育実習に行きたかったからでした。当時の私の教育実習のイメージは、授業見学しながら楽しく生徒と触れ合い、最後にちょっとだけ授業をするというもの（笑）。実習の打合せに母校に行くと、担当の先生の指導方針で、一つの作品を最初から最後まで通して教えることとなり、なんと実習初日から授業を持つことに！　しかも一年生の古文と三年生の現代文の二科目も!!　担当の先生からは、「教科書会社の指導書もあるが、そのとおりに授業をやっても何の意味もない。大切なのは、君がこの作品をどう読み、それをどのように生徒に伝えるかだ。それが授業をつくるということだ」とアドバイスをいただき、実習の数か月前から作品について書かれた評論を読み漁り、作者のバイオグラフィーを調べるなどして、準備を進めました。

実習が始まり、他教科の実習生は楽しそうに授業見学をしているなか、私一人、授業準備に追われる日々。授業準備というものは果てがなく、毎日二一時すぎまで学校に残り、それでも終わらず家に帰ってからも準備をして、寝るのは深夜。実習中の睡眠時間は三時間ほどでしたが、授業で生徒が活発に発言するなど反応があったときは、教えることの面白さを感じました。生徒とのやりとりは楽しかったのですが、「毎日この授業準備をするのは無理」と教員になることはあっさり諦めました。

しかし、このときの「自分で授業を組み立て、一つの作品を最初から最後まで通して教える」経験が、のちにシュタイナー学園で教員として立つときに、大いに役に立ちました。この経験がなければ、不二陽子先生（後述）のあとを引き継ぐことは不可能だったと思います。実習を引き受けてくださった山田先生には足を向けて寝られません。

大学時代は子どもの絵画教室で助手のアルバイトもしていたのですが、さまざまな子どもたちと絵を描くことを通して交流できたことも、のちに土曜クラスで担任をするときに役立ちました。

大学卒業後は、子どもに関わる仕事がしたいと考え、飲食店での接客のアルバイトが性に合っていたことから、子ども服を扱う総合アパレルメーカーに就職しました。ファミリー向けブランドの店舗での研修後、マーケティング本部、カスタマーサービスなどを経て、社内広報を担当し、全国の店舗やスタッフを取材し記事にする仕事をしていました。その後、編集やデザインについて詳しく学びたいと思い、会社を辞めて専門校に入りました。

専門校修了後は印刷会社に転職。営業職でしたが、クライアントのキャッチコピーを考えたり、広告文を書いたりと企画・編集業務も担当することになり、仕事は多岐にわたりました。アパレル同様、印刷会社も帰りが遅く、毎日が激務でした。

無理がたたった結果、体を壊し会社を辞めることに。仕事を辞めて、何をしようかと考えていたとき、「そういえば私、シュタイナーの勉強がしたかったんだ」と、ふと思い起こしました。とはいえ、一人で勉強するのも難しそう。近くでシュタイナーの勉強会はないかと探すなかで、シュタイナーハウス（当時、新宿区にあったシュタイナーの学びの場）の存在を知り、電話をかけてみることに。いま思い返せば、これが人生の大きなターニングポイントでした。電話に出た方から、いきなり「あなた若いからシュタイナー学校の教員養成講座に通いなさい！」と勧められたのです。

「教員養成って何？？」

何がなんだかわからないにもかかわらず、勢いで申し込むことに。我ながらよく申し込んだなと（笑）。金額も決して安くはないし、内容も難しそうなのに。

応募者が多く書類選考があったのですが、どうせ通るわけがないと思っていました。なにせ右も左もわからない状態だったので。ところが、なぜか通ってしまって（笑）。

私の通っていた「ルドルフ・シュタイナーハウス教員養成講座」は、三年間のプログラムで、夏・冬・春の集中開講だったので、働きながらどうにか通うことができました。

教員養成に通ううち、将来的には土曜クラスの先生になりたいという目標ができました。会社で働きながら、週末だけシュタイナー土曜クラスの先生ができればいいなと夢見ていたのです。その時点では、全日制のシュタイナー学校の教員になるなんて想像すらしていませんでした。

また、シュタイナー学園高等部で国語を教える不二陽子先生(8)に出会ったことも、教員養成での大きな収穫でした。

シュタイナー学校の教員養成に通いつつ、再就職したのがいわゆるベンチャー企業。企業の販売促進をお手伝いするマーケティング会社でした。スターティングメンバーとして採用され、ちょうど七年間勤務。クライアントのホームページやパンフレットなどの制作を通してコンサルティングを行うのが主な業務で、出張が多く、日本全国を飛び回る日々。帰りも遅く大変でしたが、それでも教員養成には通い続けました。

教員養成三年目、ご縁があって土曜クラスの担任をする機会に恵まれました。会社勤めと土曜クラスの教員、

（8）　都立高校教師を経て、一九八三〜一九八六年までドイツ・シュトゥットガルトのヴァルドルフ教育ゼミナール上級学年教師養成コースに留学。シュタイナー教育の実践、講演活動を経て、二〇〇五年からシュタイナー学園の高等部教員をつとめた。著書に『育ちゆく子に贈る詩――シュタイナー教育実践ノート』（人文書院、二〇〇四年）、訳書にハンスイェルク・ホフリヒター『ヴァルドルフ――その名前の歴史』（日本シュタイナー学校設立支援センター、二〇〇二年）などがある。

二足のわらじ生活のスタートでした。

幸い理解ある上司が応援してくれて、土曜クラスの日は仕事が入らないよう配慮してもらえました。私も仕事を疎かにはせず、頑張って売り上げを上げていました。

土曜クラスで教えるなかで、学びに困難さを抱えている子どもたちのケアについて考えるうちに、それと同じくらいお母さんのケアが大切なことに気づきました。お母さんが自分自身を知り変わることで、子どもも変わってくるのではないかと思い、バイオグラフィーワークのコースで学び、お母さんたちとワークをするようになりました。

しかし、会社の業績が上がるにつれ、徐々に雲行きが怪しくなってきました。土曜日にどんどん仕事が入るようになってしまったのです。土曜クラスと仕事、両立の危機！

私は、二足のわらじを履くなかで、シュタイナーの全人的な視点を現実のビジネスに活かし、逆に、ビジネスで培ってきたマーケティングのノウハウを土曜クラスで活かすことを目指していました。シュタイナーとマーケティングの両輪でバランスをとるべく、土曜クラスはなんとか続けたいと思い、「減給になってもいいから、月に二回の土曜クラスの日は休ませてほしい」と上司に交渉。しかし、「他のスタッフの手前、一人だけ特別扱いをすることは難しい」と言われてしまいました。

土曜クラスの担任とマーケティングの仕事、どちらも大好きな仕事です。仕事で土曜日も休めないのであれば、土曜クラスを辞めるのが常識的な判断でしょう。しかし、そのときの私には「土曜クラスを辞める（子どもたちと離れる）」という選択はありえませんでした。私にとって土曜クラスは、なくてはならないものになっていたのです。あと先考えず、その場で上司に辞意を伝えました。石橋を叩いて渡るタイプの私としては大きな決断でした。

そして、引継ぎも終え間もなく退職というとき、シュタイナー学園で国語科教員の募集があり、思いきって履歴書を送ることに。

一年目は非常勤教員として中等部の国語を数コマ担当させてもらい、それ以外の時間はすべて不二先生の国語の授業の見学に費やしました。非常勤の給与では十分でなく、貯金を切り崩しながらの生活でしたが、この一年間の修業期間があったからこそ、二年目に不二先生が急逝されたとき、高等部の授業を引き継ぐことができました。この場をお借りして、不二先生に心からの感謝を伝えたいと思います。

米永宏史氏（北海道シュタイナー学園）の場合
高校時代・大学時代のアメリカ留学／教育関連の一般企業への就職
北海道シュタイナー学園いずみの学校校長
担当：体育（三〜一二年生）、パーカッション（七年生）、高等部担当

私は石川県の金沢市出身なのですが、高校時代、一年間アメリカに留学して、アメリカの教育に生で触れました。日本で受けてきた教育とまったく違ったので、すごく新鮮に感じましたね。「国が違えばこうも教育は違うんだ」という発見があり、留学をきっかけにして教育に興味を持ち始めたんです。

外語大学に進学後、二年生のときに一つの新聞記事が目にとまりました。それは『朝日新聞』で連載されていた教育に関する特集記事で、毎回、世界のいろいろな教育について紹介してゆくという形をとっていました。私がたまたま見かけた回はシュタイナー教育に関するものでした。

この記事を通じてはじめてシュタイナー教育という名前を知りました。新聞の記事なので、目につくような

ワードが散りばめられている。なかでもすごく気になったのが「芸術」というキーワード。僕自身は、中学・高校時代を公立の学校で過ごし、芸術というワードについてあまり耳にしたことがありませんでした。この記事を読んで「芸術を通じた教育は、とてもいいな」と思ったのをいまでも覚えています。

記事内では、シュタイナー教育がどんな教育なのか解説されているだけでなく、日本でシュタイナー学校をつくるために子どもを連れてアメリカに渡った日本人（大村祐子氏）がいて、アメリカのサクラメントにあるシュタイナーカレッジで学んでいるというようなことも書かれていました。この記事を見て、「ああ、こんな教育があるんだ！　面白そうだな」とまず最初に思ったんです。ただ、この時点ではシュタイナーの本を買って読んだりはしませんでした。

その後、大学二年時に一年間休学してアメリカに留学をしました。もう一度アメリカに留学したいという気持ちがありまして。アメリカという国自体が好きなので、大学進学後に、アメリカに行って学びたいなと思っていました。教育に興味があったので、アメリカの教育について大学で学ぶことに決め、奨学金をいただくこともできました。

アメリカの新年度は九月から始まりますが、私の場合、大学に入学するわけではなかったので、時期はいつでもいいなと思い、日本でいう二学期から入るみたいな、そんな感じでアメリカに渡りました。

留学中に夏休みを挟んだのですが、アメリカの夏休みって、大学も高校も長いですよね。二か月か三か月ぐらいある。この期間、何をしようかと考えたときに、ふとシュタイナー教育のことを思い出しました。「ああそうだ、サクラメントにシュタイナーカレッジがあったな。そこで日本人が学んでいるという話だった。その人に会いに行ってみよう」という発想になって。何を思ったのか、思い立ってすぐに大村祐子さんに電話をしました。

そうしたら、電話で直接ご本人と話ができたんですよね。「いま、アメリカに留学していて、夏休みを利用してそちらに行きたいのですが、何か学べることはありますか」と大村さんに尋ねたところ、夏休みに開講されているプログラムのなかに「日本人のための集中プログラム」があるとのこと。お誘いを受け、このプログラムに参加してみることにしました。これが大村祐子さんとの最初の出会いです。

アメリカでシュタイナー教育に直接触れたのは、実はその夏だけだったんです。夏のプログラムが終わったら、もとの留学先の大学に戻って、アメリカの教育全般に関する勉強をして、その後、日本に戻りました。

大学二年の一年間休学したので、日本に戻ったのは三年生になる年。アメリカの教育について学び、シュタイナー教育についても少し触れ、そのうえで、日本の教育がどういうものかについてきちんと知りたいなと思いました。

そこで、三年生から教職を履修し始めました。普通の大学生ならば三年生、四年生と学年が上がるにつれて少しずつ履修する科目も少なくなるじゃないですか。私の場合は三年生から教職を取り始めたので、履修科目が多くなってしまい、ほぼ毎日学校に通った記憶があります。教員免許取得のための勉強をするなかで、日本の教育について勉強し、教育実習にも行きました。

四年生になり、就職先をどうしようかと考えているなかで、公立の学校で先生になるという選択肢もあったのですが、先生になる前に、先生以外の仕事を経験したほうがいいなと思ったんです。先生という仕事に興味はあるけれども、まずは企業に勤めて勉強したいと考え、就職活動をしました。けれども、就職活動をするなかで、どんな仕事が自分のやりたいことなのかを考えてみると、結局、教育関係の仕事に行き着いてしまうんですよね。こうして、全国各地に展開している学習塾の母体となっている会社に就職しました。

就職後は語学教育事業部に配属されました。ただ、企業なので、いかに利益を生み出すかが大事。利潤追求。そういうのをわかって入社したのですが、どうやって商品化してそれを売り込むかが勝負の世界でした。そうした世界に入ってみて、「ああ自分はここじゃないな」という思いが日に日に増してしまいました。私は子どもが好きなのですが、教育関連の会社に就職したものの、子どもと対峙する時間なんてまったくないんですよね。本社で教材開発をしたり、外国からさまざまな先生を招聘して、いろいろな教室に配属させ、リスニング指導の強化を図ったり。外国人の採用から、身の回りの世話に至るまで全部やっていました。

そんななかで、もっと子どもにじかに触れたいという思いが湧き起こり、どのような場所に身を置きたいのかを考えるようになりました。

そこで再び、シュタイナー教育が出てきたんです。それまでは眠っていた感じ。表には出てこなかったのです。「そうかシュタイナー教育だ！　ああ、そういう教育があったあった」と。

大学時代に新聞記事を読んだときのこと、サクラメントへ行ったことも思い出しました。当初は社会に出て三年ぐらいは働こうと決めていたのですが、自分の心と体がもたなかったんです。日々苦しいと思うようになって、「この生活が三年続くのかな」と思ってしまったんです。自分がだんだん駄目になっていくのを感じていました。そんななかでシュタイナー教育というワードが自分の中で呼び起こされたとき、希望が見えたんです。

シュタイナー教育のことを思うと何だか心が明るくなってきました。シュタイナー教育というものにすごく惹かれていて、その世界でやっていきたいと思うようになって、体も元気になってきて。そうしたらもう、私は、思い立ったらすぐ行動に移すタイプなので、会社を辞めることにしました。会社の人たちはいい人ばかりで、かなり面倒を見てもらい、かわいがってもらっていたので、そういう人たちを裏切ってしまうことになるのではと悩みました。けれども、信頼できる会社の先輩にも相談したところ、「自分のやりたいことをやったらいいよ」と言ってくれたので、吹っ切れて、会社を辞めることに決めました。

ちょうどその頃、大村祐子さんのグループが北海道でシュタイナー学校をつくろうとしていることを風の便りで耳にしました。早速、大村祐子さんに連絡を取ったところ、「すぐ来なさい、やることたくさんあるわよ」と言ってくださって（笑）。

その一言で元気をもらい、「よしじゃあ行くぞ」と決めて、北海道に行くことにしました。こうして北海道でのシュタイナー学校づくりが始まったんです。北海道に憧れがありましたし、北海道に移り住むことに対して躊躇はありませんでした。

大村祐子さんのもとで学んだ生徒さんたちも北海道に移住してきていたのですが、その方たちと僕は学生時代にサクラメントで会っていました。だから学校づくりに関わっている方々とは面識がありました。「よく来てくれたね」と歓迎していただき、その人たちと一緒に学校づくりがスタートしました。

勝部武志氏（北海道シュタイナー学園）**の場合**
大学卒業後、新聞記者に／退職後、農業の道へ／「青空教室」を担当
担当：青空教室・アウトドア専科、一〇年生担任

私は大学卒業後、新聞社で記者の仕事をしていました。大学を卒業するときには教師になる気持ちは毛頭ありませんでした。就職してからは、三年間、北海道の伊達市にいて、その後、三年間、札幌で勤めたんです。新聞社の伊達支局では、私と上司の二人職場で三年間、伊達市とその周辺の街ネタ、行政、事件・事故記事、地域のオモシロ話などさまざまな記事を書きました。

当時はまだ学校法人となる前のいずみの学校ができたばかりの頃。記者として働くなかで、ユニークな考えをもって教育に取り組む人たちがいるという話を聞きつけ、いずみの学校の創立から関わる米永宏史先生と知り合

いになりました。私は二〇代半ば、米永先生は私の二歳年上で若い頃のことです。

まだ結婚する前だったのですが、妻の父がいずみの学校の立ち上げの頃から校舎造りに携わり、こどもの園（いずみの学校の幼児部）の園舎を造ったり、改修したりと、深く学校と関わっていました。妻の妹がいずみの学校の高等部第一期生になったりと、何かといずみの学校とはご縁があったんです。

だから、出発点で理念としてのシュタイナー教育に出会ったというよりも、シュタイナー教育を掲げた新しい学校、ユニークな学校が地元にあるということへの興味が先にあったという感じです。

学生時代は、北海道の山に四季を問わずひたすら登っていたこともあり、もっと自然に関わる生活がしたいと思い、三〇歳のときに新聞社を辞めました。実は在職中も新聞の世界に浸りきれず、自分の道はこれじゃないのではと仕事に励みながらも感じてはいたのです。そして農の道を志すことにしました。妻の実家は、伊達市から三〇キロ離れたところにある大滝村（現・伊達市大滝区）で有機農業をしていました。それを継いだわけではないのですが、同じ大滝村にある徳舜瞥山の麓で農的暮らしをスタートさせました。最初のシーズンは実家の畑で実習を積み、二シーズン目、三シーズン目は自宅の畑をやりました。

そんな折、できたばかりの高等部の生徒たちを冬季のキャンプに引率してほしいといずみの学校から依頼を受け、高等部生を山に連れていくことになったりしました。

ほぼ同じ時期に長女がこどもの園に年中児として入り、私も父兄となりました。子どもが自宅から三〇キロ離れた伊達市まで通うようになったわけですが、このままいずみの学校まで通わせるのは厳しいなと感じていました。というのも、二〇〇八年にはいずみの学校が学校法人となって近隣の豊浦町に移転することになったからです。伊達市よりさらに遠い豊浦まで大滝から通わせるのは不可能でした。もともと農を志していたのですが、親としてシュタイナー教育は受けさせたいと強く思うようになっていました。豊浦に移り、基幹産業の一つであるイチゴ栽培の農家でも目指そうかなぁとも思ったりしていました。

　さて、学校法人化を控えたいずみの学校としては、制度上の環境を整える必要がありました。いずみの学校には前々から野外活動である「青空教室」があったので、学校法人になるときに「オイリュトミー」や「青空教室」などシュタイナー学校、そしていずみの学校としての独自科目を、新設科目として関係行政に申請していました。ただ、当時は「青空教室」の担当教員がいない状況だったこともあり、学校として青空教室の担当教員を必要としていました。

　また、ちょうどその時期の私は、植物の生長とひたすら向き合うより、外に出かけ自然の中に分け入っていく活動を通じてもっと人に関わりたいという思いが湧き起こり、「教育」というテーマが自分の中に立ち上がってきたタイミングでもありました。わが子の教育環境と自分自身の生き方を考えるなかで、思い切って「青空教室」に関わるシュタイナー学校の先生をやってみようと思ったのです。

　私の場合は、シュタイナーの本を読んでシュタイナー教育に関心を持ったというより、そこに関わっている人たちと出会うなかで、すんなりとシュタイナーの考えを自分の中で受けとめていったところがあります。

木村義人氏（シュタイナー学園）の場合
大学職員の仕事／ルネ・ケリードー氏との出会い／退職後アメリカ留学
シュタイナー学園中等部校長
担当：中等部の絵画、数学、社会

　私は、シュタイナー学校の教師になる前は日本の大学の職員でした。ただ、なかには大学生を教えることよりもどちらかというと自分の研究のほうを中心にしたいという先生方がいて、講義をやっていても自分の書いた本を買わせて、ただそれを読み上げるだけとか、学生が学ぶ意欲があるのに冷たい態度をとったりして、職員だったのでそうした様子を端から見ていて、学生がかわいそうだなと感じていました。

もし自分の子どもがこの大学に入学したら、自分は親として幸せかなと考えたときに、こういった大学には入れたくないなと思ったんです。その大学から給与をもらっているわけですから罪悪感を感じたのと、じゃあどういう教育が本当に望ましい教育なのだろうと疑問に思っていろいろな教育を調べ始めました。二六、七歳の頃のことです。

たまたま勤めていた大学に教育学部もあったので、何人かの方がシュタイナー教育について教えてくれたり、「シュタイナーの本、もう読まないからあげるよ」と言ってくれた大学の教員がいたり。子安美知子先生の『ミュンヘンの小学生』も読みました。そしてこの教育はすごく面白いなと思って勉強を始めたのが最初の出会いです。身近なところにシュタイナーの研究をしている先生がいらっしゃって、その先生がカリフォルニアのシュタイナーカレッジの校長先生だったルネ・ケリードー先生の本（佐々木正人訳『シュタイナー教育の創造性』小学館、一九八九年）を訳したんです。その本が結構売れて、売り上げでルネ・ケリードー先生を日本に呼んで講演してもらいました。そして講演会の運営の手伝いをしました。

その頃、シュタイナー学校をぜひ日本につくろうという気運が高まっていました。シュタイナー教育に賛同して土地を提供しますと申し出てくださる方が何人かいたのですが、校舎を建てるためのお金がなかったのと、肝心の教師がいなかったんです。

ケリードー先生の講演会が終わって祝賀会の最中に、みんながケリードー先生を褒めたたえていたので、私は嫌な心を出してちょっと文句を言ったんです。

「シュタイナー教育はいい教育だけれど、本来シュタイナー学校はシュタイナーの思想に基づいて金持ちも貧乏人も通える学校のはず。しかしながらアメリカのシュタイナー学校は学費が高くて金持ちしか行けない学校じゃないですか。貧しい家の子どもたちが通えなくていいんですか？」[9]と。こんなことを言ったらケリードー先生はきっと怒るだろうなと予想していたのですが、ケリードー先生はニコニコ笑いながら「そうだよね、君の言うとおりだよね。でもね、シュタイナー教育は学校なんかなくたって、シュタイナー教育を実践したいと願うお父さんとお母さんがいれば、そこからシュタイナー教育は始まるんだよ」と言われたんです。

頭をガーンと打たれた感じがして、確かに学校をつくる以前に自分がもっと子どもに対してシュタイナー教育の考えに基づく接し方ができなきゃいけないなと思い、もっと勉強する必要性を感じ、大学職員を辞めてアメリカのシュタイナー教員を養成するカレッジに行くことにしました。

小澤周平氏（東京賢治シュタイナー学校）の場合
大学卒業後、青年海外協力隊としてドミニカ共和国へ／メキシコでの教員養成／ドイツ留学
担当：三年生担任、体育（二、三年生）

私が通っていた大学は教員養成系の大学ではなかったのですが、教育学部に在籍していたこともあり、在学中

（9）　シュタイナー学校のあり方として、払える範囲での授業料を払えばよいことを理想としており、世界中の多くの学校では豊かではない家庭でも子どもが学校に入って学ぶことができる。ヨーロッパのシュタイナー学校は国が学費を出して免除されるところもある。しかしながら、アメリカでは私立学校として扱われる学校が多く、そのため国からの補助金はなく、結果、お金持ちの裕福な子どもしか通えないという実情に対して不満を述べたということ（その後、国がシュタイナー教育を認め、運営は国が行い、システムはシュタイナー教育という学校も出てきた）。

に教員免許状（中学・高校の国語の教員免許および特別支援学校の教員免許）を取得しました。大学一年生のときに履修した教職科目「教育原理」の授業の中で、シュタイナー教育の存在をはじめて知りました。「教育原理」の授業中に担当教員が子安美知子先生の『ミュンヘンの小学生』を題材にして話をされたんです。

うっすらと「へぇー、面白そうだな」と感じた記憶はあるんですよ。ただ、その時点で心を動かされ、シュタイナー教員への道を具体的にイメージするようなことはありませんでした。そのままシュタイナーの前を素通りしてしまったんですね。

大学時代に関心を持っていたのは心理学系の学問。そして、自分の身内に障がいをもった者がいたので、障がい児の教育や障がい者の福祉に興味を持っていました。そんななか、二年、三年、四年と進級してゆくなかで、障がい児教育の現場で働いてみたいなと思うようになりました。

ただ、学生時代はあまり熱を込めて教職に憧れを持っていたわけではありませんでした。「もし縁があって働くとしたら養護学校かな」という程度だったんです。養護学校での仕事に惹かれてはいたのですが、「これこそが私が歩むべき道だ！」というほどの確信を持つことはできていませんでした。そんな状態だったので、大学四年生の夏に教員採用試験を受けたものの、不合格。

「大学卒業後、これからどうしよう」と悩んでいたときに、漠然とですが、海外の文化に触れつつ、困難を抱えている国々の方たちに対して自分にできることはないかと考えました。なにせ時間とエネルギーはありあまっているわけで。身軽で失うものもないなか、何かないかなと探していたときに、偶然、青年海外協力隊の募集広告を見つけたんです。説明会に足を運び、選考試験を受けてみることにしたのですが、正直、受からないだろうなと思っていました。何か特別な知識や技能を持っていたわけではなかったからです。

一次試験では簡単な英語の試験に加えて、国語や数学の試験が課されていました。もちろん、健康診断もありました。一次試験を突破し、二次試験と面接が東京で行われるので、地方から上京して受験しました。

そして、周りの学生がすでに就職が決まっている一月頃、ある日、郵便受けを開けてみると、なんと合格通知が届いていたんです。受かるとは思ってなかったので正直びっくりしましたね。こうして、カリブ海にあるドミニカ共和国という島国に派遣されることになりました。

「養護」という職種で、ドミニカ共和国の養護学校に配属されたのですが、実際のところ、現地の学校は教育の場として十分な実践ができているとは言い難い環境でした。

その現場に日本人として派遣されたのは私が三人目でした。私が携わることになったのは、六年間でその養護学校の障がい児教育を充実させることが任務のプロジェクトで、二年ごとに人が入れ替わるシステムでした。一人目の協力隊員が現地で障がい児教育の基礎を築き、二人目の方がそれを引き継ぎ、私は三人目の協力隊員として二年間、現地で過ごしました。

大学を三月に卒業し、四月から七月までの三か月間、主に語学（スペイン語）の訓練を受けました。私は長野県出身なのですが、ちょうど長野県の駒ヶ根市に訓練所があり、中米に派遣される隊員と、アジアやアフリカの国々に行く隊員が集まっていました。

こうして、二〇〇一年の夏派遣、一次隊隊員の一人として私は訓練に参加することになりました。参加者を見渡してみると、まれに一〇代の人もいたのですが、二〇代の人たちが多かったですね。当時は三九歳が年齢の上限だったので、三九歳以下の多種多様な仕事の方がいました。医療関係、土木関係、教職関係、スポーツ関係、農業関係、コンピューター関係など、たくさんの職種の人と共に合宿所で過ごし、語学の訓練に加えて、国際的な問題に関する講義なども受けました。

そして、訓練期間を終えて、八月に同じ隊に所属する隊員八人と共にドミニカ共和国に渡りました。現地ではまずドミニカ共和国の語学学校に通うことになったんです。日本の訓練所で教えてくださっていた方はメキシコ人の先生だったのですが、私が派遣されたドミニカ共和国はスペイン語の訛りがとても強いので、ドミニカ共和国で通用するスペイン語を学び直すことになったわけです。およそ一か月経ったところでホームステイ先の家まで送ってもらい、そこを拠点として二年間生活することになりました。

自分にとってはじめての体験ばかりだったので、すごく新鮮で面白かったですね。同時に、日本では良しとされていることが、現地では認められないこともあるので、価値観が覆される体験が多かったです。面白い経験も多い反面、これでいいのかと悩んだり、溶け込めきれなかったりしたこともありました。語学に関しても、数か月学んだからといってスペイン語を流暢に操るには到底、勉強が足りないわけです。肝腎なところでいろんなことが相手に伝えられなかったり、同僚を手伝いたいけれど力になれなかったりで、一年ぐらい経ったときに挫折感が襲いかかってきたのです。

「何か役に立ちたい。何かしてあげたい」という気持ちでドミニカに来たものの、とんでもないな、とてもおこがましいなと感じたんです。むしろ、自分のほうが周りの人々にいろいろ助けてもらってばかりの状況だったからです。そもそも経験が足りないですし、大学で学んだ程度では役に立たないことばかりでした。自分とは異なる文化の中で、その文化にいる方々にとって意味のあることをしっかりと見つけて仕事をするというのは、想像以上に大変なことでした。壁にぶつかり、どうしようかと悩む時期がきたのです。

私は当時、山あいの村の中にある養護学校に配属されていたのですが、三か月に一度あるいは半年に一度、現地に派遣されている隊員たちが首都の寄宿舎に集まる機会がありました。任期を終える人と現地に来たばかりの人が交流をはかるための報告会を行うためです。その際、地方で活動している隊員は寄宿舎からの距離が遠く、すぐには配属先に戻れないので、寄宿舎に泊まって少しゆったりした時間を過ごすことができるんですね。寄宿舎には、隊員の方々が置いていった本を収蔵した図書館みたいなものがあるのですが、そこで偶然シュタイナー教育に関する本に出会ったんです。

手にとったのは小貫大輔さんが執筆された『耳をすまして聞いてごらん――ブラジル、貧民街（ファベーラ）でシュタイナーの教育学を学んだ日々』（ほんの木、一九九〇年）という本でした。この本の中で描かれているラテン文化の持つ独特の楽しさと難しさにものすごく共感したんです。現地の人と「明日やりましょう！」と約束したとき、「わかった、わかった、神が望めばね」という返事がくるんです。次の日に約束の場所に行ってみると誰もいない（笑）。なぜ誰も来ないのか、理由を探ってみると「今日から半月間ストライキを行うことになった」とのこと。現地ではそんなことがたくさんありました。一方で、ラテンの人たちはすごくオープンだし、率直な物言いをするし、陽気だし。もちろん個人差はありますが、そういうところにはとても惹かれていました。そんな体験があったこともあり、小貫さんが本の中で語られていることがすごく胸に響いたんです。

二〇〇二年に小貫さんの本に出会ったわけですが、当時は二年間の派遣期間中、研修目的で隣国に出られる制度がありました。だいたいの隊員はその制度を利用して綺麗なビーチなどへ旅行に行くことを楽しみにしていたのですが、私はそんな気分にはなれませんでした。

せっかくなので、この機会を利用してシュタイナー学校を見てみたいという思いが湧き起こってきたんです。とはいえ、隊員生活のなかで少しは生活費としてお金をいただいてはいるものの、手持ちの資金はそれほど多くありませんでした。いまある資金の範囲で行ける場所はどこかと調べてみたところ、アメリカ、メキシコ、南米のシュタイナー学校が候補に挙がってきました。南米はドミニカから近かったのですが、治安の関係で行くことができず。距離的にはアメリカにも行くことはできたのですが、ものすごく研修費が高かったんです。

そこで、メキシコにあるシュタイナー学校にコンタクトを取ってみたところ、夏に三週間の教員研修（教員養成）があるから来てみないかと誘ってもらいました。しかも、ホームステイ先として、そのシュタイナー学校の体育の先生の家に泊まらせていただけることになったんです。奇遇なことに、その先生は日本に留学していた経験もあるとのこと。当時、現在のようにオンラインで顔を見ながらやりとりできるツールもなかったので、「いきなり行ってしまって大丈夫かな」と心配に思わなくはなかったのですが、必要なお金を振り込みました。なんとなくですが「シュタイナー教育」というものが放っているイメージからすると、きっと信じていい人たちなのだろうと思ったんです。それに加え、若者なので「どうなってもいいや」というのも半分ありました（笑）。

メキシコに到着後、メキシコシティの空港からその先生の家に連絡し、最寄りの駅まで迎えにきてもらうことになりました。私を迎え入れてくださった先生は本当にすばらしい方でした。結局、もう一人メキシコの地方から来られている方と二人でその先生のお宅にホームステイをし、一部屋お借りして、三週間にわたって教員研修のコースに通うことになりました。当時、私がドミニカの養護学校で受け持っていたのは年齢の低い子どもたち（五歳から九歳くらいまで）だったので、幼児教育の研修グループに参加することに。

はじめてオイリュトミー、手仕事、水彩を体験しました。これらの体験を通じて、「二三年間生きてきたなかで、自分が使ってこなかった何かを使っている」と感じました。これまでの人生のなかで、「おぼろげながら感じたことはあったものの、意識的に意味を持って活動してはこなかったことを体験している」と強く思ったんです。そうした体験を積み重ねていけば、絶対に新しい可能性が開かれてくるはずだという予感がありました。

シュタイナーの主著の一つ『神智学』を読むのもはじめてのことでした。出てくる単語も見慣れないものばかり。日常生活では聞いたこともない単語を「何だろう」と思いながら聞いていました。研修期間中、先生方ともじっくりお話をさせていただきましたが、すばらしい方ばかりでした。出会いに恵まれましたね。シュタイナー学校の教室を使って研修が行われていたので、いろいろな教室を見せてもらい、こんな学校もあるんだ！と本当に感動しました。

そんな折、たまたま水彩を教えてくださっていたドイツ人の先生と話をしていたときに、「私には日本人の知り合いがいる。東京にシュタイナー学校があるはずだから、興味があるんだったら調べてみたらどうか」とアドバイスをもらいました。

メキシコでの研修を終え、ドミニカに帰国。早速、首都のインターネット環境のある寄宿舎でシュタイナー教育について検索してみたら、賢治の学校（現・東京賢治シュタイナー学校）の真っ黄色のホームページがボンッと出てきたんですよ。

ホームページには「来年（二〇〇三年）夏から一年間、日本人のための教員養成ゼミナールをドイツで開講。参加者を募集しています」と書いてありました。私がドミニカでの任期を終えて日本に帰国するのはちょうど二〇〇三年の七月末。偶然にも帰国の一か月後から教員研修が始まるというのです。ぜひ、ドイツでの教員ゼミナールに参加してみたいと思い、本当に導かれるようにして参加申し込みをするに至りました。

そして、ドイツのゼミナールが始まる直前に帰国。賢治の学校でその年の夏に行われた研修会にも参加し、一か月ぐらい日本で過ごしたのち、ドイツに渡りました。

とはいえ、この時点では将来的にシュタイナー学校の先生になろうと思って研修に参加したわけではありませんでした。けれども、なんとなくですが「自分がこれだ！」と思うものに近い輝きをシュタイナー教育が放っているという感覚はありました。ただ、その時点ではシュタイナー学校の教師としての責任が負えるなどとはまったく思っておらず、いつか教師になれたら面白いかもな、シュタイナー教育に関する学びを通じて将来的に何か役に立つことがあればいいなとぼんやり考えていただけでした。

ドイツでは鳥山敏子先生(10)をはじめとして、賢治の学校に関わっている方々（二三人）の一人として学ばせていただきました。シュタイナー教育について学びを深めるにつれて、これまで知らなかった世界があることに驚き、改めてシュタイナー学校の教師はものすごく責任の重い仕事だと感じました。そして、自らの本心に従い、真っすぐにシュタイナー教育について学んでいらっしゃる賢治の学校の先生方の姿に感動を覚えました。こういう人たちと一緒にいられたら幸せだろうなと感じながらドイツで過ごしていました。

そんななか、賢治の学校の先生方から、帰国後に、賢治の学校で一緒に教師として働きませんかとお声がけをいただいたんです。最初のうちは正直に「すいません！　私には荷が重いですから、ありがたいお誘いではあるのですが、私にはできません」と申し上げていました。

面談の中で先生方が「私たちがいるからやってみてください、何かあったら力を貸しますから」と言ってくださったんですよ。ものすごくありがたいけれど、不安はありました。けれども、先生方に背中を押していただき、最終的に担任になる決断をしました。相当悩みましたが、どこまでできるかわからないけれど、やれるところまでやりたいと思ったんです。こうして、二〇〇四年七月に帰国し、二か月後の九月から東京賢治シュタイナー学校で一年生の担任をすることになりました。

石尾紀子氏（北海道シュタイナー学園）の場合
先生にだけは絶対にならないと思っていた中高時代／ユースホステルでの経験／香川から北海道へ移住
担当：六年生担任

私は大阪出身で、高校まで公立の学校に通いました。学生時代、学校が大好きで委員会活動なども割と積極的に行うタイプでした。本当に学校が好きだったんですけれども、好きだからこそ余計に、中学時代からは先生のあり方や学習内容に対して正直がっかりしてしまうことも多々ありました。特に高校生になると、授業中に「この時間無駄なんじゃないか」とすら感じていました。高校生になると、先生たちに対して「この人、何年もこうして同じ授業をしているのかな」と感じることも多くなりました。とはいえ、時々すごく熱心に授業をしてくれる先生もいて、そういう先生とはすごく親しくなりました。

だから、小学生のときにはそれほど強くは思っていなかったのですが、中学生ぐらいからは将来何になるかについて考えるなかで「絶対に学校の先生にだけはならない！」と思っていました。

「勉強したい」という気持ちは強かったので大学に進学し、教職課程を履修するという選択肢もあったのですが、「絶対に受けないぞ」、「ああいう先生たちのようにはなりたくない」と、本当に強くずっと思っていました。

大学生のときは家庭教師に熱中しましたね。生徒は近所の知り合いの子が多かったのですが、ほとんど毎日、誰かに勉強を教えていました。自分自身、そういうことをするのが好きなんだということは自覚していたのだと思います。

大学卒業後、一年目はフラフラしていたのですが、そのなかで夏に北海道旅行に行き、ユースホステルにはじめて泊まったんです。その体験がとても新鮮で、そのユースホステルを経営している御主人がとても面白く、尊敬できる方だったので、その人に惹かれる形でお手伝いをすることになりました。つまり、大学卒業後、就職はせずに北海道のユースホステルで半分ボランティアみたいな形で、数年間お手伝いをしました。

---

(10)　鳥山敏子氏（一九四一〜二〇一三年）は三〇年間にわたって小学校教諭をつとめ、革新的な授業実践を行った。長野県に宮沢賢治の精神を受け継ぐ「賢治の学校」を開校。その後、拠点を東京都立川市に移し、宮沢賢治の思想とシュタイナー教育に基づく実践の場（東京賢治シュタイナー学校）を形づくった。主な著書に『いのちに触れる――生と性と死の授業』（太郎次郎社、一九八五年）、『ブタまるごと一頭食べる』（フレーベル館、一九八七年）などがある。

その後そこで出会った人と結婚し、香川県の高松市に移住しました。友達や知り合いが一人もいないところに移り住んだので、アルバイトをしながら知り合いをつくっていきました。高松に住んで三年目に子どもが生まれ、子育てを通じて参加することになった母親たちの集まりのなかに「シュタイナーを勉強する会」があったんです。それまではシュタイナーのことはほとんど知らなかったんです。勉強会には託児がついていたので、子どもを預けて勉強できるんだったら行ってみようと思い、そこではじめてシュタイナー教育と出会いました。三一歳のときです。月一回の勉強会で本を読んだり、さまざまなことを学びました。そのなかでどんどん興味が湧いてきました。

そうしたなか、大村祐子さんが北海道に学校をつくるという運動を始めていらっしゃるということを知り、行ってみようと思ったんです。そのままずっと高松で暮らし続けることもできたのですが、ちょっと嫌だなと思ったんです。一番のきっかけは、子どもの幼稚園見学での体験でした。公立の幼稚園に見学に行ったら、シュタイナー教育とはかけ離れていました。たくさん字が並んでいるし、テレビやビデオもある。子どもたちは録音された歌を聴いている、そんな様子を見て、何か違うなと思ったんです。シュタイナー教育のことを知らなかったら、多分そのままその幼稚園に通うことになったと思うんですけれども、自分がいいなと思う教育を知ってしまったので、ここには通わせられないと感じました。それが一番のきっかけですね。

北海道でのいずみの学校の設立に向けて、「学校をつくるにはまず先生を育てなければならない」ということで教員養成講座を立ち上げるということを知り、その当時まだ三〇代前半だったので、夫に「北海道に行って暮らそう」と提案しました。

ちょうど夫が仕事をかえようとしていた時期と重なっていましたし、そもそも夫は北海道のユースホステルで知り合った人なので、お互い北海道が大好き。夫も「よし、行こう」みたいな感じで（笑）。三四歳の春に北海道にやってきました。ただ、後々聞いた話ですが、私の両親はかなりショックを受けていたようで……これからどうなっていくかもわからないような学校のために北海道に移り住むことに対し、ずいぶん心配したそうです。

シュタイナー教育に対して、よく皆さんが言われるのが、「私もこんな学校に行きたかった」という言葉。私もそれを強く思ったんですよね。シュタイナー学校のことを知れば知るほど、いいなと思い、最初は子どもを通わせたいなという気持ちが大きかったのですが、ともかくも北海道で教員養成プログラムが始まるというのが私にとって一番大きくて、「シュタイナー学校の教師になる道がある」ということにものすごく惹きつけられました。

中高生時代、「先生だけには絶対ならない！」と思っていたのは、逆にいえば、それほど先生という仕事に実は惹かれていたんだろうなと後々気づきました。先生という仕事について、何とも思っていなかったり、自分が先生になろうという気持ちがまったくなかったら、きっと教師に対して何も感じなかったはずです。あれほど反感を持っていたのは、実は「先生になりたい」という気持ちの裏返しだったのだと思い至りました。「先生はもっとこういう存在だったらいいのに」とか、「先生はこうあるべき」という思いが強過ぎて拒否していたのだろうと思います。だからシュタイナー教育のことを学べば学ぶほどに、「シュタイナー教育のような先生像ならば、私も先生として教壇に立ってみたい」という気持ちがすごくすごく強くなり、教員養成プログラムをまず受けてみようと決意しました。大学在学中に取らなかった教員免許は三〇歳を越えて、小学校教員資格認定試験を受けて取得しました。

横山義宏氏（横浜シュタイナー学園）の場合

パン屋に就職／サーフィンに夢中になった大学時代／デパートでの勤務／ドイツ留学

担当：七年生担任、高学年体育

小学校時代、私はお祈りの時間や聖書の時間のあるカトリックの学校に通っていました。ただ、当時は聖書の時間をあまり面白いと感じていませんでした。唯一何かを感じたのは讃美歌で、美しいなと思っていました。校舎の中に礼拝堂があって、礼拝堂に入るのは好きで、一人で行くこともありました。そこで目に見えない力があるんだということを感じていたのだと思います。

中学・高校はいわゆる進学校に進みました。中学二年のときに、クラスにビートルズを聞いている人がいて、洋楽を聴き始めました。ビートルズやエルトン・ジョンをはじめ、ハードロックまで。音楽の力ってすごいなと。そこで強く感じたのが愛。当時は、「愛で世界を救うんだ」と思っていました。これはいまでも変わっていませんね。

中高一貫校だったので、そのままエスカレーターで高校に進みました。いい大学に入ることを目標にカリキュラムが組まれ、生徒は数学系と英語系に分けられ、能力別のクラス編成でした。定期試験・期末試験で成績上位五人、下位五人が入れ替わるという形式の学校で、中学までは普通に過ごしていたのですが、高校に入ってから「競争ばっかりで嫌だな」と強く感じるようになりました。自分が弱かったのかもしれません。ただ、勉強ってこういうものではないんじゃないかとは思ったんです。学校の先生も「ここは覚えておくように」という指導ばかりで、なんのために勉強するのかわからなくなってしまったのです。

高校時代は学校のクラブで少林寺拳法を少しやりましたが、学校外で子どものボランティアをする活動に参加しました。夏に水泳指導の手伝いをするといった活動がとても楽しかったので、その頃から先生になったら楽しいだろうなと思うようになりました。大学の教育学部への進学を目指し、浪人もしたのですがうまくいかず。もともと物を作るのが好きだったので、パン屋に就職し、住み込みで働くことにしました。私の行っていた高校からそういう道を選択する人はいなかったのですが、パン屋で働くことはとても楽しく、一年弱働きました。その間、いろんなことがありました。「新しい店の店長やらない？」と声をかけられましたので、そのままパン屋の道を歩んでいた可能性もあります。けれども、仕事をしながら、やっぱり教育の仕事をしたいなと思うようになりました。パンはゼロから作って焼きあがるまでが楽しいのですが、子どもと接していたいなと思い至ったのです。そして、パン屋をやめてもう一度浪人することになりました。受験科目数の多い国立大学を避け、私学に対策を絞って、早稲田大学の教育学部に合格することができました。

けれども、大学での教育学の勉強が……面白くなかったんです。能動的になれなかった自分が悪いのだと思いますが。予備校時代に出会った地理の先生の授業は本当に面白いと感じました。その先生は「地球儀を見てごらん。銅の取れる場所って固まっているんだよ。地球が回転するなかである物質が固まる場所がある」。勉強は、ただの暗記じゃない、ものごとには理屈・つながりがあるのだと気づかされました。そして、子どもたちにはこのようにして勉強の楽しさを伝えたいと強く思いました。

大学で教職課程を履修しながら、家庭教師の仕事にのめり込みました。ただ、家庭教師の仕事は夕方の時間帯にあり、教職課程の授業も同時刻に入っていました。そこで、家庭教師と教職課程、両者を天秤にかけ、教職のほうを辞めてしまいました。それくらい家庭教師の仕事が好きだったので、そっちをとってしまったんです。なんのために教育学部に入ったのでしょうか。さらに大学時代には波乗り（サーフィン）にも夢中になってしまって。ほとんど学校に行かなくなってしまいました（笑）。

その後、人と接することが好きだったのでデパートに就職しました。お客様が欲しいものを売り、喜んでいただければと思ったのです。が、その考えは甘いですね。資本主義の世の中なので、売ってなんぼの競争の世界。一年目は外回りをやるのですが、カードを作ってくださいとお願いする仕事。その後、外商の担当になり、数字を持たされて営業の仕事をすることになりました。呉服とか絵画や高級食器をお客さんに売る仕事です。お金持ちっているんだなーと思いました。けれども、正直、そういった商品を心から売りたいと思わなかったんです。お客さんには別のところにお金を使ってほしいなと。大学時代、脳性麻痺の施設のボランティアもしていて、お金が足りていない人がいっぱいいるところで過ごしました。宝石、呉服の世界とは違う世界です。自分は別のところで力を発揮したほうがよいのでないかと思い、人事異動の願いを出して経理に異動しました。でも、毎日そういう仕事をしていても、やはり子どものほうがいいなと思うようになりました。

こうしているうちに会社の状況が大きく変化しました。このままでいいのかと考える機会が与えられました。そして、先のことは決まっていなかったのですが、仕事を辞めることにしました。ただ、すでに結婚もしていたし、子どももいて、食べていかなければなりません。

娘の幼稚園の入園を控えた段階で、図書館の教育コーナーを見ていたら、小杉英了さんの『シュタイナー入門』（ちくま新書、二〇〇〇年）という本があって、これは面白いなと思って。シュタイナーについて日本語で出ている本をどんどん読んでいきました。シュタイナー教育もその背後にある思想も面白いと感じました。これからどうしようと思っていたときに、横浜で『神智学』の読書会があって、そこで横浜にシュタイナー学校を作る会のチラシを見つけました。そして、シュタイナー幼稚園うみのこびとに娘を通わせつつ、仙台で開講されている土曜クラスを見に行きました。シュタイナー学校の教師になることに興味を持ち始めると、仙台の土曜クラスに関わっている方から「行くなら絶対スイス・ドイツだね。まずは一年間、語学学校だね」とアドバイスをもらいました。

家族は「一度きりの人生を後悔しないでほしい」と背中を押してくれました。私は波乗りが好きで、波のりが本業と嘘ぶいて生きていたところがありました。会社はお金を稼ぐ手段としていたわけです。ただ、妻は「本当にそれでいいのか」と悩んでいる私の状態を見ていたので私の思いを受けとめてくれました。

ドイツへの留学は大きな決意というより、流れている感じがしています。導かれているような感覚。シュタイナーがおいでおいでと呼んでくれていたんじゃないかなと。清水の舞台から飛び降りるような、すごい決意ではなかったと思っています。

四〇歳を過ぎて、語学学校でフライブルクに住むことになりました。まず、改札口がないことに驚きましたね（笑）。そこらへんで寝ていても誰か助けてくれそうな、温かく、きれいな街で。街自体に光があるなと感じました。街に住んでいる人たちが、自分たちのことをフライブルカーと呼んでいて、とてもいい街でした。路上でバッハを弾いている人もいて、日本とは文化の構築が違うなと思いました。アントロポゾフィー（人智学）の支部があったので、拙いドイツ語を使いながら、パンフレットを持って近隣のシュタイナー学校をよく見に行きました。どこのシュタイナー学校に行っても光があったんです。学校を訪れるたびに「シュタイナー学校には光があるんだ」ということを感じました。いまでもそれは確信として持っています。シュタイナー学校を訪れると、そこで出会った人の許可が得られれば建物内を平気で見せてくれるんです。授業見学についても「何の授業が見たいの？」と聞かれて。月例祭や劇も見に行くようにしていました。

今泉夏奈氏（愛知シュタイナー学園）の場合

大学でグラフィックデザインを学ぶ／デザイン会社での勤務／学童での経験

担当：二年生クラス担任（二〇二三年度）

小学生の頃から絵を描くのが好きで、中学までは漫画家になりたいと思っていました。小学四年生の頃から、人と関わる際に相手のことをよく見るようになったのですが、やはりルビコンの時期（九歳頃のこと）は私にとっても大きな転機になったと思いますね。中学時代は学級委員長や生徒会をやるようなタイプの生徒で、部活動は体育会系のソフトテニス部と駅伝部に所属していました。

高校時代からは、あらかじめ人生計画を立て、その計画に沿って生きてゆくよりも、その時々で自分自身に問いかけ、そのつど、正しい答えを導き出せる軸をつくることのほうが大切だと思い続けてきました。「いま、これをやっていて自分は楽しいのか？」「何がいまの自分にとって必要なのか？」を絶えず自分に問い続け、紆余曲折しながら歩んできました。

私は小学五年生のときに経験した引越しがきっかけで建築学に興味を持ち、大学は建築を学ぶことができる学部に進学しました。

ただ、進学後は、建築物のハード面よりも、建築のソフト面（建築のなかで行われることやコンセプト）を考えることが楽しいと思うようになり、ロゴやブランディングについて専門的に学びたいと考え、デザインの勉強に没頭しました。デザインを学ぶことを通じて、コンセプトを見つめる経験ができたことは、私の人生において大きな経験だったと思います。大学時代はグラフィックデザインについて学んでいたので、アートに触れる経験が多く、いまでも作品鑑賞は好きです。

私は愛知県出身で、大学卒業後は岐阜県にあるグラフィックデザインの会社に就職し、そこで一年間働きました。和菓子屋さんだったり、コンサルタント業の方だったり、自分が知らないさまざまな世界の方に話をうかがい、そこで核になることを見つけて、デザインに落とし込んでいくという仕事をしていました。人の話を聞いて、面白いなと思った話をデザインにすることが求められるのですが、私は「新しい世界を知ること」に魅力を感じ、常に未知の世界に触れようとする姿勢を大切にしています。その姿勢は教師の仕事を担ってゆくうえでも活かすことができているように感じます。

就職した会社で、偶然、シュタイナー教育の名前を耳にする機会がありました。子ども用教材のデザインをしているときに、先輩から「シュタイナー教育っていうものがあるんだよ」と教えてもらい、子どもたちが木でできたおもちゃで遊び、優しい色に囲まれた空間で学ぶ学校があるのだと知りました。そのときは、「へー、そんな学校があるんだ」と興味を持ったのですが、その時点で何か具体的にアクションを起こしたわけではありませんでした。

そんななか、常に期日に追われ続け、業務をこなしていかなければならないデザインの仕事は、自分には合っていないんじゃないかと思うようになりました。自分の観察眼を活かすことができて、しかももう少し一つのことに長く時間をかけて向き合っていけるような仕事につきたいという思いが湧き起こってきたのです。社会にとって必要なことであり、かつ、長く時間をかけて関わることができる仕事は何なのか。その二つの要素を満たすものとして私の中で浮かび上がってきたのが「教育」でした。

働きながら教育についていろいろと調べていくなかで、古本屋で偶然出会ったのが子安美知子先生の『シュタイナー教育を考える』（朝日文庫、一九八七年）でした。この本を手に取ったときに「そういえば、以前、先輩がシュタイナー教育について教えてくれたことがあったな」と思い出しました。これがシュタイナー教育と出会い直した瞬間です。

この本を読んで、すごく面白いなと思い、シュタイナー教育について詳しく調べてみることにしました。そして、検索エンジンで調べてみると、サジェストに「シュタイナー教育　やばい」と出てくる（笑）。「おお！　これは……」と思ったのですが、子安先生の本は純粋に面白かったですし、まずは体験して、自分の目でシュタイナー教育とは何なのかを確かめてみようと思ったんです。

愛知県内にシュタイナー学校があることがわかったので、早速、愛知シュタイナー学園で開催されていた体験授業に申し込みました。そのときに受講した横地優代先生（愛知シュタイナー学園教員）の授業が本当に面白くて、「これはすごい教育だ」と確信を持ちました。

蝋燭に火を灯し、子どもたちが円になって座っている光景は、何も知らない人が見たら少し怖いと感じるのも無理のないことだと思います。私の中で、「常に別の視点も持ち合わせていよう」「盲信はしないようにしよう」と心がけているので、そこまで抵抗はありませんでした。何より「シュタイナーは本当のことを言っているんだろうな」と感じたのは大きかったです。

こうして、体験授業を経て、もっと近くでシュタイナー教育を感じてみたいと思い至り、会社を辞め、愛知シュタイナー学園の学童でアルバイトを始めることにしました。当時、明確な道が見えているわけではなく、違う畑に飛び込んだ感じでしたが、シュタイナー教育を学んでいこうと決意しました。

学童のアルバイトを始めるまでは、子どもと接する経験がほとんどありませんでした。デザイン会社に勤めながら、子どもたちの居場所づくりを行っているボランティア団体の活動に参加したことはありましたが、「これくらいの年齢の子に対しては、こういう話し方をすれば通じる」といったことが経験的に理解できていなかったので、学童のアルバイト期間にそうした感覚を掴んでいきました。

そして、学童でアルバイトをしながら、この教育についてさらに深く学んでいきたいと思うようになり、学童のアルバイトを始めて半年経たないうちに、シュタイナーの教員養成課程（横浜シュタイナー学園主催）に通うことになりました。教員養成の最初の三日間が本当に濃くて、衝撃的でした。いままで使ってきた器官とまったく違う器官を使う体験だったので、講座終了後には不思議な疲れもありました。

教員養成講座を受講するなかで、「あ、私はシュタイナー教育の道を進むことになるかも」と思えた印象的な場面があります。教員養成講座では、毎回、一日の最後に振り返りの時間が設けられており、そこで質疑応答が行われるのですが、一人の受講生が先生に「自由って何なんでしょう?」と問いかけたんです。その質問に対し、横浜シュタイナー学園の太田初先生が「それを私たちはずっと問い続けているんですよ」と答えました。それを聞いて、「あ、シュタイナー学校の先生たちってそういう方々なんだ！　私もこんな人たちと一緒に働いてみたい、学んでみたい！」と強く思いました。振り返ってみると、この体験がすごく大きかったと感じています。

いま、私は横浜シュタイナー学園主催の教員養成講座を受講しながら（二〇二三年六月現在）、愛知シュタイナー学園の教壇に立っています。横地先生にメンターになっていただき、アドバイスをいただけるのは、本当にありがたいです。

シュタイナー学校の教師になり、日々、自分の新たな扉を開いている感じです。教師自身が学ぶことを楽しんでいると、そのことが子どもたちに直に伝わります。そんな教師の仕事が私の中ではとてもしっくりきています。

4　公立学校での教員経験のある教師たち

本節では、公立学校での教員経験を持つ六名の教師たちの来歴をみていく。そのキャリアはじつにさまざま。

ある者は一八年あまり公立学校の教師を勤めたのちにドイツへと渡り、別の者は二三年半もの公立学校勤務を経てアメリカへと渡った。いずれにしても彼・彼女たちは、公立学校教員の職を辞して、シュタイナー学校教員の道を選んだことになる。どのようなきっかけで、シュタイナー学校の教師へと転向するに至ったのか、順に追ってゆく。

後藤洋子氏（東京賢治シュタイナー学校）の場合
人間が生きている意味を問い続けた学生時代／約一八年間公立小中学校で勤務／ドイツ留学
担当：二年生担任

高校時代は陶芸同好会をつくり、数人で学校の裏庭の畑を耕していました。作物を作りながら粘土で作品を作って焼き、釉薬《ゆうやく》も自分たちで作っていました。いまでは考えられないのですが、現国（現代国語）の先生や生物の先生も畑を耕していて、私たち生徒も荒れ地だった場所を耕しました。当時は誰にも文句を言われなかったんですよね（笑）。

畑を耕しながら、ずっと疑問に思い、考えていたことがありました。「植物も動物もみんな命を終えたら大地にかえって、次の命のために何かを残していく。そして次の命のための助けになる。ではいったい、人間は何をしているんだろう」と、畑を耕しながら考えていました。

人間は死んだら肉体は焼かれてしまうし、骨になっても土にはかえらないで骨壺に入り、そしてお墓に入る。「いったい、人間が生きている意味はどこにあるんだろう」とずっと考えていたのですが、答えは出ませんでした。それより、人間が生きていると、かえって害になることのほうが多いのではないか、私たちがいないほうが自然は豊かに育っていくのではないか、そうした考えがぐるぐると頭の中を巡って、一向に答えが出ませんでした。でも、だからといって世を儚んで自殺しようとか、そういう気持ちには全然ならず。ただただ不思議だなと思いながら高校時代を過ごしました。

高校卒業後は千葉大学教育学部の中学校美術科に進学しました。大学の駐車場の脇が荒れ地だったので、そこでも勝手に畑を耕しました（笑）。農家の方とつながって援農（農業ボランティア）も体験しました。また、地域の自然観察サークルのボランティアリーダーもしていました。けれどもやはり「人間が生きている意味」に関する答えは得られませんでした。

私は大学時代に四つの教員免許取得を目指したので、履修した科目数が多く、四年生まで授業がびっちり詰まっていましたね。教員免許は、小学校、中学・高校の美術、高校の工芸の免許を持っています。

卒業後は公立学校の教員になり、四年間、中学校で美術を教え、その後、公立小学校で一四年ちょっと勤めました。合計一八年あまり、公立学校で教員生活を送った計算になります。

さて、私がシュタイナー教育に出会ったのは、三〇歳頃のことでした。夏休みを利用して、アメリカのサンノゼにあるシュタイナーカレッジに行くという友人がいて、詳しく話を聞いてみたところ、その友人は二週間のサマーセミナーに参加するとのこと。話を聞いているうちに面白そうだなと思い、私もセミナーに参加することにしました。アメリカに行く際にシュタイナー関連の本を読み始めたのですが、全然わからなくて（苦笑）。これは駄目だと思い、まずは実際に体験する必要があると感じました。自分で経験し、感じとることができたら、何かがわかるかもしれないという予感はありました。

私は英語が得意なわけではないですし、英語で理論的な説明をされてもきっとわからないので、サマーセミナーではアートのクラスを選択しました。「にじみ絵」、「ヴェールペインティング」と呼ばれる水彩、音楽、それと演劇について主に学ぶ、実技中心のコースで二週間学びました。

その時点では、本当に軽い気持ちでセミナーに参加しました。朝一番のオイリュトミーから始まり、夕方のアートセラピーの授業まで、芸術にどっぷりと浸かる日々でした。

滞在中は、シュタイナー学校の先生の御自宅にホームステイをさせていただきました。先生のお宅にはピアノがあり、その上にはいろいろな楽器が置かれていました。楽器が得意ではないのですが、そうした環境に身を置いて、ピアノを弾き、いろんな楽器に触れていると「表現したい！」という思いが泉のように湧き起こってきたんです。

その感覚がすごく面白く、新鮮だったので「この感覚はいったい何なんだろう?」と驚きました。「ああ、私の中にこんな感覚があったのか」と気づかされました。

そのようにしてアメリカで充実した日々を過ごしたのですが、滞在を終え、飛行機が日本の空港に着陸するときに、その泉の蓋が、ひゅるひゅるひゅるパタッて閉まった感じがしました。不思議な感覚を体験しました。

その後、引き続き公立学校の教員生活を続けていたわけですが、サマーセミナーを終えたあとはシュタイナー教育に深く関わったわけではありませんでした。

一九九一年に鳥山敏子さんと出会い、公立学校の教師をやりながら賢治の学校（現：東京賢治シュタイナー学校）のいろいろな講座やイベントに参加するようになりました。

なかでも、二〇〇三年二月に『人間を育てる――シュタイナー学校の先生の仕事』（鳥山雅代訳、トランスビュー、二〇〇三年）の著者であるヘルムート・エラー先生の講座を受講したことが大きなターニングポイントとなりました。

講座の中でエラー先生は、「普通の学校では算数の時間に2＋3＝5と学ぶけれども、なぜシュタイナー学校では5＝2＋3と学ぶのか」について話してくださいました。「二つの方法を比べてみると、子どもたちが学んでいるときの魂のしぐさがまったく違う」という話をされました。

「2＋3＝5というのは、自分自身の外側にあるものを自分のところへ持ってきて5にするというエゴ的なしぐさになる。けれども、5＝2＋3というように学ぶならば、すべては自分のところにあって、それを他者に分け与えるというしぐさになる」という話をされました。「計算の答えが合うとか合わないとか、そんなことが大事なのではなくて、シュタイナー学校の子どもたちは、算数について学ぶなかでずっと魂のしぐさを学んでいる」という話を聞いて、ものすごくショックを受けました。頭をガーンと叩かれたみたいな感じで。自分はいったいいままで何をやっていたんだろうと。

私自身、小学校で長く担任を勤めたのですが、公立学校の教師として、どうすれば子どもたちにとって算数がわかりやすく学べるかということを常に考え、いろいろな工夫はしてきました。けれども、そのレベルの話ではないのです。

エラー先生は八年間の担任を四回もなさっていたベテラン教師ですので、私よりはずっと先輩なわけですが、この違いは経験年数の問題ではないと感じました。何でこんなに次元が違う話をしているんだろうということにすごくショックを受けました。その話を聞いたときに泣けてきてしまって……泣きながら講義を受けました。

「いままで私は何してきたんだろう」という思いと「もっと学ばなければいけない」という思いが同時に湧き起こってきました。四〇歳のときのことです。

このように思った矢先、その年の秋から、一年限りでドイツでの教員養成講座を通訳付きで開講するというアナウンスがあったんです。

「学びに行くしかない！」と思い、公立小学校を辞めることにしました。いろいろ考えたり、悩んだり、迷ったりしたというよりも、この思いを抱きながら公立小学校の教員を続けるのは難しいと感じました。

この決断に対する周りの反応はどうだったかというと、親の心の中には「せっかくちゃんと公立学校の教員としてつとめているのに……」という思いがあったようですが、親には「行くと決めたんだ」という話をしに行きました。

私の場合は、千葉県の教員だったので、当時、休職して学びに行くという選択肢がなくて（他の自治体の場合はそういう選択肢もあったのでしょうが）、ドイツに行くなら公立の教員を辞めて行くしかないという状況でした。また、たとえ休職してドイツに行ったとしても、帰国後に元の公立学校に戻るということはあまり考えられなかったので、辞めることにしました。こうして二〇〇三年から一年間ドイツに渡りました。

ドイツに行ってシュタイナーの人間学を学ぶなかで、高校時代に抱えていた問い（「人間が生きている意味とは何か」）に対する答えが得られたような気がしました。授業の中で「地球は人間がいないと発展しない」という話を聞きました。「人間の肉体ではなく、精神的な営みが恵みの雨のように大地を潤して、そして豊かに発展していく」という話を聞いたときに、これなら人間が生きている意味があるかもしれないと感じました。それが事実かどうかはよくわからないけれど、人間の肉体が世界の役に立っていないというのははっきりしているので、「精神的な営みをすることが人間が生きている大きな意味なんだ」とすごく納得できたんです。

帰国後は、土曜クラスや学童に関わりました。その後二〇〇六年の秋に創設者の鳥山敏子さんから「二〇〇七年度から一年生の担任をやらないか」とお声がけいただき、担任の仕事をお引き受けすることになりました。

纐纈《こうけつ》好子氏（京田辺シュタイナー学校）の場合

二三年半、公立中学校で英語教師をつとめる／四六歳で公立学校を退職／アメリカ留学

担当：英語（七、八年生）

もともと私は公立中学校の英語の教師をしていました。二三年半、兵庫県芦屋市内の学校で働きました。一九七四年に教師になったのですが、当時、芦屋では、公立学校でも社会科や理科で先輩の先生方が子どもたちの学びを面白くと、自主編成で授業を行っていました。仮説実験授業も取り入れられていましたね。そうした環境にポンと入ったので、教師ってそういうものなのかなと思い、英語の授業もなるべく教科書に縛られず目の前の子どもに合うものを面白くと、自主編成っぽくやっていました。けれども、だんだんと締めつけが厳しくなってきて、行事や授業づくりがやり玉にあがり、攻撃もあり学校は窮屈なところになっていきました。

当時、私は英語教員の教室音声のための中津燎子さん(11)のボイストレーニング教室に通っていました。あるときその会場の廊下に、オイリュトミーの日本初公演のポスターがあり、「これは何なんやろう？　こんなの見たことないわ」と不思議さに駆られて、興味津々京都まで公演を見に行きました。ただ、見てもそのときはよくわからなくて……（笑）。

会場にチラシがあり、高橋巖先生(12)の講座が始まるということを知り、わからないものの正体を知りたいと年に

---

(11)　評論家、英語教育者。英語の発音訓練を通じて異文化を理解し、地球社会的視野を持つ人間の育成を目指し、「未来塾」を主宰した。

(12)　日本を代表するシュタイナー研究者。多数のシュタイナー関連図書を刊行している。シュタイナーの主要著書の翻訳も数多く手がけ、わが国のシュタイナー受容に多大な貢献をしている。

数回京都に通うことにしました。これが人智学との出会いです。聞いても本を読んでも難しくてよくわからなかったのですが、何かがありそうと感じました。そのうちに子安美知子先生の本を読み、教科書がない、テストがないシュタイナー学校についても知ることになり、「えっ！　世界にはこんな学校があるのか」とびっくりしました。人智学を学んでいることは周囲の人には黙ったままでしたが、私の言うことが変わってきたのか、あるとき、親しい友人に「纐纈さん、何か宗教やってる？」と聞かれたこともありました（笑）。

一九九五年の阪神・淡路大震災は人生のターニングポイントとなりました。当時、私は中学一年生の受け持ちでした。震災でクラスの女の子が一人亡くなりました。金曜日の放課後に一緒に教室掃除をして、「じゃあね」と別れた子です。お母さんと妹二人を亡くした男の子もいました。全校二七クラスのどの組にも、亡くなった生徒、家を亡くしたり肉親を亡くしたりした生徒たちがいました。もう本当にみんなが散り散りばらばらになってしまい、避難先の中学に転校したけれど、やっぱりみんなといたいと、ラッシュの電車を乗り継いで二時間かかって学校に通ってくる子もいて、地震のあとはみんなで身を寄せ合って生きていました。生徒も私も亡くなったクラスメイトを思い出しては、よく泣きました。

勤務先の中学校は、教室、体育館、グラウンドが二〇〇〇人の避難場所となり、登校できる教職員はそのお世話に明け暮れました。私も集合住宅全壊で自宅をなくして、学校に避難。宿直室一間に男女教員雑魚寝で泊まり、生徒たちの安否確認、なりっぱなしの電話対応、夜中に届くこともある救援物資の受け取りや配布など、着の身着のまま、洗顔の水もままならない状態で続けたものです。そのうちに各地からボランティアの方々が入ってくださり、教員は学校再開に専念できるようになりました。

震災を経験して「明日が来ないこともあるのだ」と思うようになりました。シュタイナーの思想にはすごく興味があったのですが、公立学校も大好きだったので、定年後にもっとシュタイナーの勉強もいいかなと思っていたのですが、「やりたいことがあるなら、いまやらなあかんわ」と考えが変わりました。中一を担任していたので、その子たちを二年三年と持ち上げて、彼らと一緒に私も卒業することに決めました。

集合住宅の再建委員の役も回ってきて、仕事と両方で一日の休日もなく夏休みになり、二学期の教材（マオリ文化）研究のためにニュージーランドに出国。偶然にもそのホームステイ先のお子さんがシュタイナー学校に通っていて、学校について行って見学をしたり、お隣はなんと教員養成校の校長のような人がお住まいで、体験入学に連れて行ってくれて、森の中で木工やオイリュトミーをして一日を過ごしました。「これだ！　これがいいなぁ」と、教員養成校に入るという次の道が開けた思いでした。

地震から一年が過ぎた九六年の春に、アメリカのロサンゼルス（ＬＡ）に住んでいる姉から「一度、骨休みに来たら」と誘われて、春休みに渡米。ＬＡを北上したノースリッジ（Northridge）に、西海岸のシュタイナー学校の教員養成所があることも調べて、見学かたがた体験入学しました。お世話役に「いつでも来ていいよ」と言ってもらい、ニュージーランドは新学期の始まりが二月、アメリカは九月始まりということで、三月に仕事を辞めてから入学までの時間が短い、姉のいるＬＡで勉強しようと思いました。

当時、私には七〇代の両親が広島にいて、はじめのうちは母親が留学に対しては渋っていました。「私が死んでからにしてちょうだい」と言われてしまって（笑）。「娘が一人、すでにアメリカに住んでいるのに、そのうえ、あんたまで行ったら……」と言われ、一旦は断念。四〇代にもなって親に止められるのも変なんですけどね、母親の心細さもわかりましたから。そのうち、母親の身体の調子が良くなってきたのか、「二年間ぐらいやったら行ってもいいよ」と言われて、留学案復活です。姉はシングルで働きながら二人の高校生の子育てをしていたので私が行くと多少手伝いもできると考えたのでしょう。

こうして四六歳のときに中学校の教員を辞めました。仕事、学校、子どもたちがすごく好きでした。けれども、辞めると決めたら何だか「ああ、晴れ晴れ」という感じでした。「明日の準備はなし、自分の勉強をするだけ」と思ったら、嬉しかったですね。その後、準備をして、九月にノースリッジの教員養成課程に入学しました。

若林伸吉氏（京田辺シュタイナー学校）**の場合**(13)
大学院修了後、公立小学校で六年間の教員生活／ドイツ留学
担当：六年生担任、木工（七、八年生）

高校時代は地理や歴史のテストを前に「こんな知識だけ覚えても何の意味もない！」と憤り、それを言い訳にまったく勉強しなくなった時期もありました。細かな校則に縛られ、勉強漬けで暗記中心のテスト勉強が多く、絶望しかけていたのです。

気楽な高校生でしたが、真面目な生徒でもあったので、環境問題に関心を抱き、地球の環境問題は本当にひどいことになっていると感じていました。例えば国語の授業で読んだ文章のなかに環境問題について書かれたものがあり、一番最後に「今後、この世界を何とかしていくのは君たちだ」みたいなことが記されていたんです。若き日の私は「こんな地球にしておいて何を言っているんだ！」（笑）、そんなふうに思っていました。

当時の私は世界が狭かったんだと思います。とにかく、日々触れる世界が限られていますし、知っている大人も限られていました。狭い見方で大人たちのことを見ていて、世の中にはいろいろな問題があるのに、大人たちがそれに対してまったく対処していないように見えたんです。高校時代は、思い返してみると、ガチガチに社会や大人を批判していましたね（笑）。後々いろんな人と出会っていくにつれて、そうした自分の見方が狭かったということに気づいていくのですが、当時は非常に怒っていたわけです。もともとそんな高校生だったので、教師になんて絶対なるものかと当時は思っていました。

そんななか、高校三年生のときに何に載っていたのかはよく覚えていないのですが、受験雑誌か何かでシュタイナー教育について紹介された小さな記事を読みました。シュタイナー教育の実践に触れて、とにかく驚きましたね。「こんな学校があるのか！」「こんな学校に通いたかった！」と思ったんです。記事は繰り返し読みました。

私はもともと中学、高校とサッカーをやっていて、ドイツという国に関心がありました。高校卒業の間際に、ドイツにはシュタイナーをはじめいろいろと深くて興味深い思想があることを知り、ドイツ語を学びたくなったこともあり、大学はドイツ語学科に進学しました。とはいっても、ドイツ語を勉強するというよりも、軽音楽部でドラムばかりたたいていた学生時代だったんですけれども（笑）。でも、自分でも何だか面白いのですが、サッカーでもドラムでも、私は「芸術的なプレイがしたい」とずっと思っていて、大学時代には「人生を創り上げるということは芸術なんだ」とか、大真面目に考えていたんです。「教育芸術」に魅せられたのは必然かもしれませんね。「芸術」の何たるかは全然わかっていませんでしたが。

学生時代は、シュタイナー教育以外の実践についても勉強してはいたのですが、シュタイナーの関連書を読むなかで、やはりこの道について掘り下げて学びたいと思いました。広瀬俊雄先生(14)を訪ね、大学院修士課程の二年

---

(13) 京田辺シュタイナー学校における若林氏の実践については「シュタイナー学校の教師として生きる――八年間一貫担任を終えて」（広瀬俊雄・遠藤孝夫・池内耕作・広瀬綾子編『シュタイナー教育１００年――80カ国の人々を魅了する教育の宝庫』昭和堂、二〇二〇年）で詳しく紹介されている。あわせて参照されたい。

(14) 教育学者。広島大学名誉教授。主な著書に『シュタイナーの人間観と教育方法――幼児期から青年期まで』（ミネルヴァ書房、一九八八年）、『シュタイナー教育１００年――80カ国の人々を魅了する教育の宝庫』（昭和堂、二〇二〇年）などがある。

間は広瀬先生の指導を受けることになりました。大学院進学にあたっては、研究の道に進んで、少しでも何か変えるきっかけになればという思いもありました。

けれども、大学院でいろいろと勉強していくなかで、子どもにはじめて接する機会があって、実践のほうに行きたいという気持ちが湧いてきました。同時に、実践せずにいろいろなことを変えていくのも難しいと痛感し、実践家を目指すことにしました。

大学院修了後、すぐにシュタイナー学校の先生になりたいという思いもあったのですが、立ち止まって考えてみたんです。いろいろな人に相談するなかで私が感じたのは、そもそも、自分がそれまで批判してきた教育界について、見えている視野がとても狭かったのではないかということ。大学院で少し勉強してみると、自分が批判してきた日本の教育界にも学ぶべきものがたくさんあるという発見がありました。だから、まずは公立学校で修業させていただき、そのあとでシュタイナー教育について学ぼうと考えたのです。

大学院を修了してから、佛教大学の通信教育課程で二年間かけて教員免許を取得しました。そしてその後、新潟県の公立小学校で教員として六年間働き、多くのことを学びました。

運がいいことに、その六年間で全学年の児童を受け持たせてもらえたんです。初任者のときに四年生を担当し、途中でクラス替えはあったんですけれども、その後五年、六年と持ち上がって三年間、担任をつとめました。本当は三年間つとめたのち、すぐドイツへ留学しようと思っていたんです。けれども、三年目が終わる前に、これではあまりにも経験が足りないと思い、次の三年が終わってからドイツに渡ろうと考えました。子どもを見ることについてもそうですし、子どもとのやりとりや、授業のつくり方など、いろんなことがあまりにも中途半端にしか学べていないと感じたからです。

次に着任したのは山の小さな分校でした。その分校は複式で学級編成されていたので、一、二年生の複式学級の担任をやらせてもらいました。分校が一年で閉校になってしまったので、残り二年間は本校でつとめることになったのですが、その際に二年生と三年生を受け持つことができたので、結局一年生から六年生まですべての学年を担当することができたわけです。

公立学校についてのイメージは六年間の教師経験のなかで、かなり変わった部分があります。私が大学生だった頃も、メディアで報道される内容がひどいことばかりなので、公立学校に対するネガティブなイメージが大きくなりがちだったのですが、実際働いている先生方は、シュタイナー教育とは発達観こそ違いますが、命を削って、本当に子どもたちのために頑張っているんですよね。

公立学校の教師経験のなかで、もしかしたらシュタイナーとは正反対と捉えられるかもしれない「教育技術の法則化運動」からも多くのことを学ばせていただきました。向山洋一先生（「教育技術の法則化運動」および「TOSS」の主宰者）の著書や雑誌を読ませていただき、セミナーにも参加させてもらって、そこで学んだことも大きかったです。

向山先生が著書の中で書かれていることなのですが、教師修業をされているときに、向山先生は子どもたちが帰ったあとの教室で子ども一人ひとりのことを思い浮かべ、子どもを見る力を養うという修行をされていたそうです。そうした行為は本当にシュタイナー教育と似ているなと。あと、リズムとテンポが大事だともおっしゃっていて、私たちの言い方でいうと、授業の中での呼吸、収縮と拡散、そういったところも大事にされているので、それらの点はシュタイナー教育と通底していると思いました。

いずれにしても、公立小学校の教員として働くなかで、シュタイナー教育に基づく実践がまったくできないわけではないとは思っていたんですね。九九の糸かけ模様を描いたり、竪穴住居とか縄文時代の衣服とか「縄文クッキー」とか、縄文時代の衣食住を再現する体験学習をしたりして、いろいろなことを試しはしました。それに、公立学校の実践のなかで実際に学ぶこともたくさんありました。けれども、やはり自分が根底で大事にしている教育の考え方、人間観、発達観とどうしても相容れないものがあるというのは、最後まで感覚として残っていました。

まだまだ公立学校で学ぶべきことはあると考えていましたが、年を取り過ぎてしまうと、新しいことに挑戦するのが難しくなってしまうかなとも思い、一区切りをつけました。こうして日本での教員生活を終え、四年間シュトゥットガルト自由大学（シュタイナー学校教員養成大学）で学ぶべくドイツに渡りました。

田原眞樹子氏（福岡シュタイナー学園）**の場合**
公立高校の音楽教員生活／退職後、ドイツのオイリュトミー学校へ留学
担当：オイリュトミー（一、三、四、五年生）

私のオイリュトミーとの出会いは、子安美知子さんの『ミュンヘンの小学生』を地元の教育大学音楽科に進学して間もない頃に読んだのがきっかけでした。ドイツ好きで「ミュンヘン」という言葉だけで購入しました。本ではシュタイナー教育よりも、「オイリュトミー」という見たこともなく想像もできない言葉が心の中に残り、それまでそれぞれ違った分野だと思っていた芸術・教育・療法というものが「オイリュトミー」の中で一つになる感じがして、「オイリュトミー」に憧れを持つようになりました。

興味はあったものの日常の学びや楽器練習のなかで、シュタイナーやオイリュトミーにそれ以上深く足を踏み入れることもなく、卒業後は県立高校の音楽教師として就職しました。

勤務先の普通科の進学高校では、生徒たちはクラッシックの歌曲もよく歌い、音楽の要素（音符・リズム・拍子・調性など）の話も聞いてくれてはいたのですが、三学期になってもっと積極的に授業に参加してほしいと考え、丸々自由演奏の時間にしてみたのです。すると生徒たちは自分たちで好きな曲を選び、手持ちの楽器で演奏できるように編曲をしたり、まったくピアノが弾けなかった生徒も夕方遅くまでピアノの練習室にこもって練習し、教師から与えられた楽曲を歌ったりするときとは違って、生き生きと主体的に作品に取り組み、発表会にまでこぎつけました。

生徒たちの夢中に取り組む姿に喜びを感じながら、一方では、高校の音楽の教師としての悩みもありました。音楽の要素を学ぶことは、音楽を楽しむうえで役に立つのだと説明はできても、その本質を学ぶ喜びにまで導くことは難しく、また学びを数値化しなければならないことにも苦しみました。

そんなある日通勤途中の駅で、「シュトゥットガルトオイリュトメウム福岡公演」という巨大なポスターを見つけ、日本でオイリュトミー公演があるのか、しかも福岡でも見ることができるのかと驚愕しました。八〇〇人ほど入る会場は大勢の観客でいっぱいでしたが、その出で立ちや年齢層もさまざまで、何かしら新しい息吹を求めた者たちがこぞって集まったような熱気を感じました。はじめて見るオイリュトミー舞台では、ベートーヴェンのヴァイオリンソナタ「春」やユーモアのある詩など、さまざまな音楽演奏や言葉の朗唱に乗せて、色とりどりの衣装を着たオイリュトミストたちが水の中で泳ぐ魚のように動いていましたが、私には何か夢の中の出来事のような印象でした。子どもの頃に習っていたバレエとはまったく違うと思いましたが、それが何なのかはわかりませんでした。

観客のほとんどがはじめてオイリュトミーを見た方々だったと思うのですが、翌日にはオイリュトミーを体験する講座も設けられており、私もはじめてのオイリュトミー体験をすることにしました。講座の中ほどになって、「音楽に合わせてゆっくりと歩いてください」という指示がありました。オイリュトメウム専属のピアニストが単純な伴奏でハ長調の音階を弾き始めたんですね。ドで一歩、レで一歩という風にオクターヴ上のドまで。柔らかなピアノの演奏と一緒に、一音一音登っていくような、そして一音一音が次の上昇に向かう運動として、新しい世界を感じる内的な体験がありました。

このオイリュトミー公演を機に、福岡でもシュタイナーの著書の読書会や、オイリュトミーの集中講座や自主練習が行われるようになり、人智学への関心の高まりが生じたように思います。私の中にも、オイリュトミー学校への留学を望む気持ちがますます増していた時期です。高校の音楽教師として日々の喜びも葛藤もあるなか、時が来て、三三歳でシュトゥットガルトオイリュトメウムに留学しました。

オイリュトメウムの入学式でのことです。古代ギリシア専門の教授が「オデュッセイア」の冒頭を長短短の特徴あるヘクサメーター（六韻律）のリズムに乗せて朗唱し、一八歳から三〇代後半の新入生三〇人を祝してくださいました。丸天井の部屋に朗々と響く古代ギリシア語の圧倒的なリズムが、天から降りてくるような感覚をいまも覚えています。思えばこのときに音楽と並んでオイリュトミーの大切な要素である言葉の門前に立ったのだと思います。

一〇月に入学し一一月が終わる頃、Totensonntag（死者慰霊日）に当時の学校長であるエルゼ・クリンクさんが無音のオイリュトミーを舞ってくださいました。目に見えない存在を聴き、その存在たちに語りかけるような神聖なオイリュトミーでした。もう一つのオイリュトミーの大切な使命が、私たちに示されているのだと感じました。

一九九三年にオイリュトミスト養成の学びを終え帰国してからのち、小さな幼児オイリュトミークラスから始まり、二〇〇九年には地元の福岡に全日制のシュタイナー学校が立ち上がり、現在はそこのオイリュトミーの教師となっています。

オイリュトミーを通してもたらされたもののことは、言い尽くせないように思いますが、オイリュトミーが子どもたちの生きる根幹の力となることは、日々実感しています。

入福玲子氏（沖縄シュタイナー学園）**の場合**
公立学校でシュタイナー教育を実践／教員生活と並行してシュタイナー教員養成講座を受講
担当：三、四年生担任、琉球語、琉球の自然と文化

大学の教育学部二年生だったときに、教育心理学の授業でブックレポートの課題が出されました。課題図書は子安美知子先生の『ミュンヘンの小学生』。本当に衝撃的でしたね。この本を読んだときに、自分はこういう学校に通いたかったし、こういう学校の教師になりたいと強く思いました。あまりにも印象的な本だったので、ものすごい分量のレポートを書きました（笑）。

絶対にシュタイナー教育をテーマにした卒業論文を書きたいと思い、三年生時点でどの教授のもとで卒論を書くか決める際に、いろんな教授の研究室を訪ねました。「シュタイナー教育を勉強したいので受け入れていただけないでしょうか」とお願いして回ったんです。

ただ、教授たちは誰もシュタイナー教育のことを詳しくは知りませんでした。知っていたとしてもシュタイナーを深く研究している先生は一人もいない状況だったのです。

そんななか、もうお亡くなりになりましたが、教育哲学が専門の安谷屋良子先生が「シュタイナーについてはよく知らないけれど、何だか面白そうね。一緒に勉強しましょう」と言ってくださったのです。すごく心強かったです。安谷屋先生は、ひめゆり学徒で知られている高等女子師範学校の出身でひめゆり資料館の館長をなさっ

ていた方で、大学では、ドイツの教育、とりわけシュプランガー研究をなさっていました。

私を指導生として引き受けてくださった先生のすごさがいま頃になってわかるんですけれども、学生だった頃、私はとにもかくにも右も左もわからない状態でした。安谷屋先生がシュタイナーの原書を取り寄せてくださったのですが、ドイツ語はちんぷんかんぷんでした。けれども、安谷屋先生がかなり丁寧に読んでくださって、「読めば読むほど面白い」とおっしゃっていただき、私と一緒にシュタイナー教育を学んでくださいました。しかも、シュタイナーに至るまでの自由教育の流れや、シュタイナーが生きた時代の様子などもご教示いただき、「時代背景というのは大事だよ」とご指導いただきました。その頃から私は「自分はシュタイナー学校の教師になるんだ！」と思うようになりました。若い頃ってそんな感じじゃないですか（笑）。

大学四年生のとき、イギリスから先生が来られました。安谷屋先生が私をその先生に紹介してくださったこともあり、イギリス留学の話が持ち上がったのです。私はものすごく留学に行きたかったんですが、ちょうどそのときに親が病気になってしまいまして。家庭の事情でどうしても留学することができなかったんです。すごく悔しかったですね。やりたいことを断念せざるをえず、足を鎖で縛られて囚われの身になっているような感覚でした。

当時は、日本から次々とシュタイナーを学びにドイツやイギリスなどに留学する方が増えているときだったので、みんなが留学に行っているのに自分は行けない……と悶々としていました。

けれども、確かにシュタイナー教育を学ぶ環境としてドイツなど最先端の海外で学ぶのは理想的ですが、自分がよくわかる日本語でシュタイナーの本を読み、一生懸命、自分の内面を磨くことも大切。子どもと向き合うなかで彼らから学び、自分自身の教師としての立ち位置をしっかりと見つめることも人智学的な学びなのだと、自分を慰めました。

地元の沖縄で教師をしながらシュタイナー教育の勉強を続けていく。本を読みつつ、安谷屋先生のところにも通いながらやっていこうと決意し、地元の公立小学校に就職したんです。イギリスに留学ができなかった分、やりたい気持ちだけが内側でどんどん膨らんでいきました。

就職してから最初の五年ぐらいは、公立小学校での教育と私が思い描いていたシュタイナー学校の教師のあり方や学校像とのギャップが激しくて、ショックを受けました。先生の仕事は忙しく、しかも子どもたちを型にはめ、決まりきった内容を効率よく詰め込むことが追い求められていて……教科の内容をわかりやすく子どもに理解させる方法ばかりが教育技術として注目されている。「何か違う、何か違う」という違和感ばかりがあふれてきました。だから小学校教員になった最初の頃はすごく苦しかったんです。ただ、その間もシュタイナー関連の本を継続して読んでいました。

どうすれば公立学校の中でシュタイナー教育の考えに基づく実践ができるのかと悩む日々。シュタイナー学校の現場で働いていらっしゃる先生方から見たら、妥協といいますか、「そんなのシュタイナー教育じゃないよ」と言われてしまうかもしれませんが。与えられた環境の中で、教師としてシュタイナーの理念や理論に基づく実践ができる部分はどこにあるかと常に考えていました。そうした期間は五、六年ほど続きました。

その後、子どもが生まれ、シュタイナー教育への思いはますます強まりました。子どもがお腹にいるときからシュタイナー教育を実践したいという思いが出てきたので、仕事で出会う子どもたちにもそういう視点をなるべく持つようにしようと決意を新たにしました。

子どもの前に立つときに、「どうすれば要領よく教科の内容を教えられるか」という視点ではなく、この教材を通して子どもの何を育てようとしているかをクリアにして授業を組み立てました。また、当時、友達先生というのがすごくはやっていたのですが、子どもにとって教師は友達じゃないという考えも意識しました。まだまだ、自分が教師としてふさわしくないというのはわかっているけれど、ちゃんと自分が子どもの前に立つ努力をしなければと肝に銘じていました。

あの頃はまさかのちに自分たちでシュタイナー学校をつくるなどということは想像すらしていませんでした。子どもができた頃、北海道にいずみの学校ができて研修会が開講されていたのですが、子どもが小さかったので参加することができず、指をくわえて見ているような状況でした。

下の子が小学一年生になり、ようやくいずみの学校の夏休み講座、教師向けの講座に参加することができました。その際、北海道へ移住したいという気持ちもあったんです。でも、改めて私が沖縄で生まれた意味を問い直しました。沖縄は独特の文化や自然があって、人のつながりもあり、そういうものを断ち切ることが果たして子どもたちにとってよいのか、相当考えました。

人とのつながりを大切にすることは琉球文化の中に脈々と流れているのですが、この文化はすごくシュタイナー的な考え方と親和性があるということに気づきました。

迷った挙句、子どもたちは沖縄で育てることに決めました。私たち両親、それからおじいちゃん、おばあちゃん、みんなが大切にしてきた沖縄で子どもたちを育て、その精神を引き継いでいくこともすごく大事なことだと思い、沖縄にとどまることにしたのです。

その後も、自分でシュタイナーの本を読んで、それを公立小学校の子どもたちの前で実践してきました。文字の学びの導入の際にはお話をして、絵を描いて……みたいなことをどのようにできるか、試行錯誤しました。実際にシュタイナー学校でどのように実践が行われているかは、子安美知子先生が出演されたシュタイナー教育に関するＮＨＫの特集番組などを参考にしました。映像で見ることで、自分が考えていたやり方とのずれも確認することができました。シュタイナー教育関連の翻訳の数もどんどん増えてきたので、それらの本を参考にしながら基本的に独学で学んでいったのです。

もちろん、シュタイナーの教員養成講座が開講されているということは知っていたんです。いつかは受講しないといけないだろうなとは思っていたのですが、講座に通ったときに、あまりにも自分がやってきたことと違っていた場合、自分が否定されるようなことになったら辛いなという思いもあって、二の足を踏んでいました。

私は公立でこっそりとシュタイナー教育を取り入れた実践をやっていたんですけれど、だんだんそれに気づいてくれる同僚教師がチラホラと出てきました。「玲子先生、変わったことやっているね」とか、「玲子クラスはいつもにぎやかだけど、いざというとき子どもたちがすごく集中するよね」とか、面白い評価をもらうことが増えてきました。

一、二年生のとき、子どもたちはすごく絵本を読むけれど、三年生になって以降、子どもたちが文章だけの本をなかなか読まないという悩みを持った先生が多くいらっしゃったのですが、私が受け持った学級の子どもたちはとにかく本を読みました。分厚い本も借りて読んでいたので、図書館司書の先生から「どうやって指導しているんですか？」と質問されたこともあります。同時に「玲子先生自身はどんな勉強をしているのか、詳しく教えてください！」と聞かれることも多くなってきました。困ったなと思いましたね。自分でもシュタイナーについてまだよくわかっていないのに、人に教えるなんておこがましい。きちんと学ばなければと思い、神奈川県横浜市の綱島で開講されていた普遍アントロポゾフィー協会が主催している教員養成講座に申し込みました。子どもも大きくなってきた四五歳頃のことです。

渡慶次愛氏（沖縄シュタイナー学園）の場合

同僚からの影響／小学校教員をつとめながら、シュタイナー学校の運営サポート

担当：二〇二三年度より一年生担任

私は大学生の頃に、『ミュンヘンの小学生』は読んでいたのですが、ほぼシュタイナー教育に関しては無知のまま、卒業後に公立の小学校教員になりました。採用された学校で、たまたま奇跡的に入福玲子先生（前出）と出会いました。私が初任者のときの師範授業で道徳の授業を見せてもらったときにすごく感動したのを覚えています。玲子先生の取り組みは本当にすばらしく、学習発表会で、会場中が感動で涙を流しているような感じでした。先生の子どもたちとの接し方、保護者とのつながり方、そして同僚との関わり方は参考になりましたし、何よりも授業内容が面白かったので、翌年、教員生活二年目は同じ学年の担当にさせてもらいました。玲子先生が授業中に何をやっているんだろうと覗いてみたり、どういう意図で授業を設計しているのかを聞いてみたり。

玲子先生はそれまで公立小学校でシュタイナー教育を取り入れているということをほかの先生方には言っていなかったそうなのです。周りの先生方も「変なことやってんねー」というようなリアクションでした。ただ、シュタイナー教育を取り入れた先生の担当クラスでは、子どもたちが本当にキラキラしていて、保護者も子どもたちを学校に通わせることに喜びを感じているようでした。

そうした状況をそばで見ていたので「ついていきます！」という感じで、私もシュタイナー教育を学び始めました。気がつけばもう十何年、玲子先生について回っているんですけども（笑）。つまり、同僚が面白い取り組みをしていて、それがシュタイナー教育の実践だったことがきっかけで、私はシュタイナー教育と出会うことになったわけです。

玲子先生が不二陽子先生（元・シュタイナー学園教員）を講師として招いたグラダリスという学びの会に参加されていて、私も二〇〇九年からサマーセミナーのお手伝いをすることになりました。

そして、二〇一〇年に「（竹田喜代子先生が主催されている）アウディオペーデの教員養成に通いたいのだけれど、一人で行くのは、ちょっと迷っているから、一緒にどう？」と誘われて。その時点で、シュタイナー教育のことは右も左もわからない状態だったのですが、玲子先生と一緒に参加して、本の中だけでない実技的な学びをはじめて経験しました。オイリュトミーなどシュタイナー教育独自の実践にも出会いました。

シュタイナー教育を実践していくと、子どもたちが変わっていきますし、子どもたちを通して自分が変わっていくのを実感します。子どものなかから学びの要素をたくさん見つけることができて、日々、自分の成長が追いつかないというような体験をしてきました。

5　社会人経験あるいは公立学校での教員経験があり、かつ保護者としてシュタイナー学校に関わった経験がある教師たち

本節では、社会人経験あるいは公立学校での教員経験を有し、かつシュタイナー学校の保護者経験のある二名の教師たちの来歴を紹介する。シュタイナー学校の教員をつとめる者のなかには、自身の子育て経験のなかでこの教育に出会った者が少なくない。彼女たちは保護者としてこの教育に関わるなかで、シュタイナー教育に魅了され、教師を志すに至った。本書の「付録」で紹介するとおり、毎年、保護者経験のある者が数多く教員養成課程を受講しており、わが国のシュタイナー学校の運営を支える大事な存在となっている。そこで、保護者経験のある教師を第Ⅰ～第Ⅲカテゴリとは分けてみてゆく。

なお、第2節から第4節にかけて紹介した教員たちのなかには、自身の子どもをシュタイナー学校に通わせた（通わせている）者もいる。だが、ここでは、**シュタイナー学校の教師を目指した時点で**保護者としてこの学校に関わった経験のある教師たちに焦点を当てたい。

帖佐美緒氏（シュタイナー学園）**の場合**
バンコクでの中高生時代／アパレル企業への就職／ピアニストの道
担当：五年生担任

実のところ、私は若い頃、一度も教員になりたいと思ったことがないんです（笑）。自分がシュタイナー学校の先生になるなんて夢にも思っていませんでした。教員になったときは本当に「ああ、なったんだ」という感じでした。

私が子どものときに、母と父が育ててくれた環境が「普通」ではなかったと思います。家にテレビがない期間が長く、テレビがあった時期にもあまり見せてもらえませんでした。

洋服について、店で買った服を着たことがほとんどなく、母に作ってもらっていました。子どもの頃、おもちゃも与えられていなかったのですが、一つだけ、お人形さんを買ってもらって。人形の洋服も母が私の服を作っている横であまり切れをもらって人形に巻いたりして自分で作っていました。

服だけでなく、おやつも全部母の手づくり。家にプラスチック製のものがほとんどありませんでした。幼稚園に持っていく弁当箱も、琺瑯《ホウロウ》製。可愛くないから嫌だと母に言ったら、小さなパンダのシールを貼ってくれて。みんなの筆箱には絵が書いてあるのに私は赤い革製。鉛筆は自分で削りなさいと言われて、ナイフで削っていました。

挙げてゆけば細かいことではあるのですが、そのときは「何でだろう」と不思議に思っていて、当時はちょっと嫌だなという思いもありました。ただ、いま思い返せば、それが良かったのだなと。

また、私はいつも自然の中で遊んでいました。草花や虫たちとよく戯れていました。一般的な公立の小学校に通っていたのですが、多くの素晴らしい先生に出会いました。私は変わった子どもだったので友達がおらず、いつも一人でしたが、学校は大好きでした。作文コンクールや絵画コンクールなど、子どもたちがチャレンジする機会が多く用意されていて、日々の学びが充実していました。小学校時代はとてもいい思い出です。

それと、小さい頃からピアノに熱中し、ピアノ一色の生活を送っていました。コンクールで賞をとり、新聞に載ったこともあります。

中学校に上がってすぐ、父の仕事でタイのバンコクに行くことに。タイは当時、発展途上国だったこともあり、ピアノの先生が見つけられるような状況ではなく、音楽を続けられる環境ではありませんでした。ピアノをやめざるをえない状況になってしまったのです。

タイではインターナショナルスクールに入学しました。先生はアメリカ出身の先生ばかり。授業も英語で行われていました。それが私に合っていて、非常に良い学校でした。先生たちの質が高いので、深いレベルの学びが展開されていました。とにかく毎日の授業が楽しくてしかたなかった。

子どもたちに考えさせる授業が行われており、例えば、歴史のテストで「ローマ時代に船がなかったらどうなっていたか述べよ」といったような問題が出るのです。

学習した内容をベースに、自分なりにどうするかを考えてゆく授業形式。それがとても面白かったのです。

大学進学にあたり、本当はアメリカの大学に行きたかったのですが、父の強い希望で日本に帰国。当時、私の中で、日本の大学生は遊んでいるイメージがありました。それがすごく嫌で（笑）。高校時代の学びがとても楽しかったから、学生たちが遊んでばかりいるような大学には行きたくなかった。だからアメリカの大学に行きたかったのですが、進路指導のアドバイザーの先生に「上智ならあなたに合っていると思うわ」と言われ、上智大学の文学部仏文学科に進学しました。

ところが、大学に入ってすぐに「しまった」と思ったんです。私にとって、仏文学の勉強はべつにやりたいことじゃなかった。私はデザインが好きだったので、デザイン学校に入り直してデザイナーになりたいと思い、「大学を辞めたい」と親に伝えました。案の定、親は猛反対（笑）。「お願いだから辞めないでくれ」と頼まれ、大学を退学するかわりに、夜間のデザイン学校に通わせてもらうことになりました。

昼間は上智に、夜はバンタンデザインスクールのデザイン科に通うダブルスクール生活。デザインスクールの課題を終わらせるため、上智の図書館で日中にデザイン画を描いていました（笑）。

大学卒業後、大手の総合ファッションアパレル企業の企画部に就職しました。会社から将来的に一流のマーチャンダイザー（商品の開発・販売戦略などを担う）になることが期待され、入社してすぐに商談の場に臨んだり、バイヤーの人とやりとりをしたりと、かなり鍛えられました。

ただ、私はそういう仕事がしたかったわけではなく、やはりデザイナーとしての仕事がしたかった。まずは企画部からスタートし、ゆくゆくはデザイナーの仕事を担うことができればと考えていたのですが、このまま進んでもデザイナーの仕事をすることは難しそう。二年つとめてその会社を辞めました。

ちょうどその頃、たまたま両親が一、二年タイから一時帰国したこともあり、実家で生活することになりました。実家には子どもの頃、情熱を注いだピアノがありました。下手になる自分が許せなかったので、一〇年ほど弾いていなかったのですが、私の中にはピアノへの未練が残っていました。そして、下手になった自分を受け入れようと思い、一からピアノを勉強し直そうと決意しました。

毎日一〇時間、練習の日々のスタートです。半年後、東京の春日にある尚美ミュージックカレッジ専門学校に三年次編入しました。この学校には当時ディプロマコースが設置されていて、東京藝術大学、桐朋学園大、国立音大などを卒業した人たちがピアニストを目指して集まっていました。私はそのコースに進学し、コンクールやオーディションを受け、コンサートホールで舞台に立つ経験をしました。音楽を勉強し直すことができ、とても幸せな時間でした。

その後、結婚し、娘も生まれたタイミングで、もう十分にピアノをやったからということで子育てに集中することにしました。

娘は、いま二二歳なのですが、結構ゆっくりした子どもだったこともあり、どういう風に教育しようかと考えていて、のんびり一緒に過ごしていました。

私自身の高校時代を思い出して、私が学んだような学び方ができる学校に入れてあげたいなと思いました。変なお遊戯をしたり、つまらない絵を描いたり、私は生意気な子どもだったので、そういうのを子どもながらに馬鹿にしていました。当時、私は世田谷区に住んでいたのですが、たまたま公園で遊んでいるとき、ママ友に、ある幼稚園を勧めてもらい、そこに娘を入園させたのですが、時間がもったいない、と思ってしまいました。二か月くらいですぐ辞めさせました（笑）。

ただ、その幼稚園で知り合った人が賢治の学校（現・東京賢治シュタイナー学校）に子どもを通わせていて、「あなたにはシュタイナー教育があっているわよ」とアドバイスをくれたのです。当時、シュタイナー教育のことはなんとなく知っており、「私が体験したことと同じだなー」と漠然と思っていましたが、詳しい内容までは知りませんでした。

そこで賢治の学校に見学に行ってみたら、ここがとても面白かった。もし賢治の学校に通うとしたら、引っ越しをする必要があるわけですが、偶然、こだわって建築されたという古いお家が空いているとのこと。その家に惚れ込んじゃって。どちらかというとその家に住みたくて、引っ越しました（笑）。そして賢治の学校附属のたんぽぽ幼稚園に娘を通わせることになりました。あまり深く考えもせず、娘は賢治の学校に進学したわけです。

できたての学校だったので大変でしたよ。親が全部助けなければいけない。全部ボランティアで。学校を広めたりする広報活動とかもみんな親がやりました。私は「手仕事」が得意で、紡いだりすることができたので、手仕事班を発足してほしいと言われ、手仕事班の長となり、お母さんたちを集めて、いろんな物を作りました。学園祭のときに美しい売り場を作って、販売するといったことをいつもやっていました。

そうこうするうちに、ピアノが弾けるということがバレてしまいました（笑）。オイリュトミーの伴奏をしてほしいということでお手伝いをすることになったのです。最初はボランティアでやっていました。手伝えることがあるなら手伝いますよと。結果的に、全学年のオイリュトミーの伴奏を担当させていただくことになり、一一年間ピアニストをつとめました。いまから振り返ると、それが私にとってものすごい学びとなりました。教師として子どもの前にどう立つかということを鳥山雅代先生（現在、東京賢治シュタイナー学校教師）に学びました。鳥山先生の姿を見て学び、一緒に授業を作ることを体験させていただいたのです。オイリュトミーの曲を作っていく際、協同で授業を作り上げることができたことがとても楽しかったのです。そして、その時点から、気づいたら私の教員養成課程は始まっていたのだと思います。

この間、ピアニストとして、オイリュトミーの学びを深めることができましたが、「どの年齢の子にはどういうことが大事なのか」ということをしっかりと見て学ばせていただきました。一年生から継続的に授業を担当させていただくので、子どもたちの成長過程がわかるのです。そのことは全学年やらせてもらえなかったらわからなかったことだと思います。

その後、シュタイナーの教員養成課程も終え、二年生と三年生の音楽の授業も担当しました。ただ、二年生と三年生を担当するだけで終わりなのも寂しいなと漠然と思っていました。しかし、その頃子どもの貧困問題にも取り組みたいと思っており、外の講座などにも参加したり調べたりしていました。また、一〇年以上いた職場を離れ、教育そのものを考え直してみたいと思っていました。今後のキャリアを見据え、まずは明星大学で教員免許を取得しようと勉強を始めて半年後、シュタイナー学園にいる知り合いから「音楽の教員を探している」と連絡が入り、来るもの拒まずという私の性格から、面接試験を受けてみることにしました。面接後、音楽教師ではなく「担任にチャレンジしてみないか」とシュタイナー学園から正式な依頼をいただき、気づいたら「はい！」と即答してしまっていました。無意識で。とても不思議でした。

大友綾氏（福岡シュタイナー学園）**の場合**
公立学校での教員生活／ニュージーランドのシュタイナー学校／日本人補習校での勤務
担当：三、四年生担任、手仕事、英語、体育

私は中学生のときから教師になろうと決めていました。中学の頃に出会った担任の先生がとてもすばらしく、この先生と将来一緒に仕事をしたいと思ったのです。

普通の公立小中高校を卒業し、福岡教育大に進学しました。中学校課程を目指していたのですが、大学受験でセンター試験の科目の点数がうまく取れず、小学校教員を目指すコースへ進むことに。ただ、学校現場での実習を経て、自分には小学生が合うなと思い、小学校教師を目指すことにしました。地元は福岡なのですが、当時、

九州は教員採用試験の倍率が非常に高かった。どうしても先生になりたかったので、九州以外の地域も視野に入れようということでいろいろと調べたところ、当時、全国で募集定員が多いのが神奈川県だったので、神奈川の教員採用試験を受けました。結果、福岡の採用試験は不合格だったのですが、神奈川のほうに受かり、無事小学校の教師になることができました。

私が教員になったのは「総合的な学習の時間」がスタートした頃で、初任校はちょうど、総合学習の研究をしている学校に着任しました。私にとって、総合学習はとても面白かったんです。一、二年生の頃は畑で作物を育て、サツマイモのつるで縄跳びを作ったり、リースを作ったり。男の子たちはカエルやバッタを追いかけたり、女の子たちはお花を摘んで、サツマイモのリースに花を挿したり。そういう子どもたちとの時間はすごく充実していました。けれども、生活科の時間が終わり、教室に戻ったらすぐ漢字や算数のドリルに取り組まなければならず、授業もこうしなきゃいけないと指導書で決められていて……生活科や総合学習のような、子どもたちが自発的に生き生きと活動するような学びをずっと行うことができるような教育に携わりたいという気持ちが年々大きくなっていきました。

三年生を受け持ち総合学習を行った際、子どもたちがいろんなことを自分で考え、それを実現するという姿を目の当たりにしました。廃棄になった椅子に自分たちがデザインした絵をペインティングして、それを並べたらパズルになるという仕掛けを考えつき、近くの保育園にプレゼントしたこともあります。

そうした活動のなかでの子どもたちはとても生き生きしていました。けれども、国語や算数の時間になると、勉強についていけない子たちはぐったりした態度になってしまって。そうしたギャップが生じてしまうのはなぜだろうと考えながら、私がやりたいのは知識だけを教え込むような（ドリルやテストをひたすらこなす）教育ではないと強く感じました。公立の教師を辞めて自然学校の指導者になるのもいいかなといろいろ模索する時間が続きました。そんななか、アメリカの日本人学校の教師の求人が出ていて、そこで働くことになりました。ただ、その学校もガチガチの塾のような私立学校でした。

アメリカで夫と出会いまして、夫に「家族で暮らすならニュージーランドがいい」と提案してもらい、結婚を機に、仕事も何も決めずニュージーランドへ移住することになりました。

五年間、公立小学校で教師をし、アメリカの日本人学校で一年つとめ、ニュージーランドに移住したのは二八歳のときのことです。

私たち夫婦はお金がなかったので一番家賃の安い地域、ニュージーランドのオークランド市のなかでも、家賃がぐっと安い地域に住みました。そこが偶然シュタイナー学校のある地域で、ちょっと中心地から離れている郊外だったのですが、すぐ近くに海があって、その地域自体も森の中にあるような場所でした。たまたま知り合った日本人の知り合いが、二歳のお子さんをシュタイナー学校のプレイグループ（親子で活動するグループ）に通わせていて、私たち夫婦を見学に誘ってくれたのです。行ってみたら本当におとぎ話に出てくる森の中のような場所で、色が鮮やかで小人が出てきそうなところでした。そこに集まっている人たちもとても温かくて、なんてすてきな場所なんだろうと。自分の子どもができたらシュタイナー学校に入れようと決めました。

当時、私たち夫婦は、日本人補習校で働いていました。見学に行ったシュタイナー学校は私立の学校で、授業料が高く子どもを通わせるのは難しかったのですが、オークランド市の中心地にインテグレーテッドスクールという形でニュージーランド政府がバックアップしている半分公立のような学校（マイケルパークスクールMichael Park School）がありまして、その学校を見に行ったら、広大な敷地で幼稚園から一二年生まで通っていて、建物が全部シュタイナー建築でこの学校もおとぎ話のような、映画のロケ地のような、ホビットの村のような場所でした。一目でここに入れようと決めました。

詳しく調べてみたらやはりすごく人気の学校とのこと。プレイグループから入っている人が優先的に幼稚園に入学できるという情報を得たので、娘が二歳になったのと同時に、マイケルパークスクールのプレイグループに入りました。そこは、お母さんたちが運営しているプレイグループで、ニュージーランド人のお母さんばかりだったのですが、彼女たちは本当に優しく、英語もままならない私とまったく英語が話せない娘に手取り足取りいろんなことを教えてくれました。

結局、プレイグループからスタートし、一番上の子が五年生になるまでおよそ一〇年間シュタイナー学校に子どもたちを通わせることになりました。大学の授業で少しだけ触れたシュタイナー教育にわが子を通して出会うことになったのです。

マイケルパークスクールは一クラス三〇人ぐらいで、一二年生までクラスのある大きな学校でした。ニュージーランドは多民族国家なので、クラスにはアジア、ヨーロッパ、アフリカ、南米など、一三か国ぐらいから子どもたちが集まっていました。そもそもニュージーランドという国は多様性を認める国なのですが、先生も保護者の皆さんも移民である私たちを温かく受け入れてくれました。学校全体が大家族のような温かなコミュニティーでした。

ニュージーランドに住んでいるあいだに、私は四人子どもを産んだのですが、出産後、学校のお手伝いなどに関しては、「やれる人がやればいい。あなたがいま一番しなければならないのは、一番大事な赤ちゃんを育てること。それに専念してほしい。何もしなくていいから。少し余裕が出てきたら、やれることをやればいい」と声をかけてくれました。実際に、出産後はご飯を毎日代わる代わるクラスの保護者の皆さんが運んでくださいました。

また、先生たちは、子どもたちが違う母国語を持っているということにものすごく理解を示してくださっていました。マイケルパークスクールにいる日本人家庭の子どもたちに、日本語を教えてほしいと声をかけていただき、漢字を中心とした日本の文化を私なりにエポック形式にして子どもたちに教えました。さらに私たち夫婦で、日本にルーツを持つ子どもたちに日本の心を学んでもらうための補習教室を立ち上げ、運営していました。そんななか、いつか日本に帰ることがあればシュタイナー学校の教師をやってみたいなという思いが湧いてきました。自分で納得できるくらい英語ができれば、ニュージーランドでシュタイナー学校の教師になるということもありえたのですが、シュタイナー教育はやはり言葉ありきといいますか、言葉が巧みに使えないととてもこの教育はできないということが身に染みてわかっていました。

そんななか、いまから五年前、夫の両親の介護のため日本に帰国することになったのをきっかけに、地元福岡のシュタイナー学園で働かせていただくことになりました。私は専門が体育だったので、まずは体育と英語の担当になりました。そして次の年から、担任が足りないということもあり、一年生を担任することになりました。

6　二二の物語から見えてくること

以上みてきた二二の来歴は、どの物語も固有の力強さを秘めている。教師たちはそれぞれのタイミングでシュタイナー教育に出会い、導かれるようにしてこの道を選んだ。

繰り返し強調しておくが、今回インタビューに応じていただいたのは、日本のシュタイナー学校に在籍している教員のほんの一部の方だけである。ゆえに、ここで見えてきた事柄を過度に一般化することは避けられるべきである。だが、二二の来歴を並べてみたことで、いくつかの傾向が浮き彫りになってきたように思う。

本章を締めくくるにあたって、教師たちの来歴を俯瞰的に捉えることで見えてきたことを六つの視点から整理してみたい。

①『ミュンヘンの小学生』の果たした役割

二二の来歴を並べてみたときに、シュタイナー教育との出会いのきっかけとして、たびたび登場するのが子安美知子著『ミュンヘンの小学生』（および『ミュンヘンの中学生』）である。[15] 本書は日本におけるシュタイナー教育の受容に決定的な影響を及ぼした記念碑的な作品であるが、やはり、この本を契機としてシュタイナー教育に出会ったという教員が多いことは特筆に値するだろう。二二人の教師のうち、九名にシュタイナー教育と出会うきっかけを与えた。

『ミュンヘンの小学生』が世に出されて以降、いまやシュタイナー関連の図書数は増える一方である。大型書店に行けば、シュタイナーコーナーが設けられており、特に子育て本カテゴリにおいて一般書も数多く出版されている。インターネットが普及し、少し検索すれば情報が容易に手に入る現代において、一見するとシュタイナー教育との出会いのきっかけは『ミュンヘンの小学生』の刊行当時と比べて格段に増えているようにも思われる。

だが、読み手に対して、その後の人生を決定づけてしまうほどのインパクトを与える本は世の中にいったいどれほど存在するであろうか。刊行から六〇年近く経ったいまも、『ミュンヘンの小学生』は色褪せぬ輝きを放っているが、こうしてみてみると、改めてこの本の果たした／果たしている役割の大きさを感じずにはいられない。

②不確定な状況へと開かれ、大きな流れに身を委ねる姿勢

教師たちへのインタビューを通じて驚かされたのは、不確定なもの、予測不可能な状況に対する彼らの開かれ

た態度である。本章で取り上げた教師たちは、ある者は安定した職を捨て、別の者は言葉の通じない未知の国へと渡った。社会的ステータスや収入の面だけでみた場合、彼・彼女たちがなぜあえてその道を選んだのか、不思議に思う人も多いのではないか。

しかも、その選択は、清水の舞台から飛び降りるような決死の覚悟というよりは、自然とその道に引き寄せられたという表現のほうが正しいのかもしれない。

こうした人生への態度は教師たちが授業に臨む際に求められる不可欠の姿勢と結びついているように思われる。シュタイナー学校のエポック授業は筋書きがなく、その都度、目の前の生きた子どもとのやりとりのなかで生成する創発的なカリキュラムである。あらかじめ目的地を定め、効率的に最短距離でそこへと辿り着くのとは決定的に質が異なる。他者（子ども）をコントロールする（計画通りに進行する）という視点とは相容れない。

教師たちはミクロな次元では、エポック授業において不確定性へと開かれ、子どもたちとともに授業を作り上げてゆく。そして、マクロな次元では、人生を大いなる流れと同期させる。授業と向き合ううえでのマインドセット・人生と向き合ううえでのマインドセットが、大きな流れに身を委ね、自らを明け渡すという点で一致しているのだ。そうした態度が偶然の出会いを呼び込み、それがいつしか必然的な出会いとなってゆく。

そこにおいて根底にあるのは、世界への信頼なのだろう。教師たちの根っこにあるのは、世界は私や子どもたちを良き方向へと導いてくれるはずだという確信なのではないか。その確信があるからこそ、不確定なものへと

---

(15)『ミュンヘンの小学生』について、教育学者の西平直は次のように述べている。「南ドイツ・ミュンヘンの生活、スケッチ風の、さらりとした文体。驚きの連続で綴られる、娘さんの学校生活。混迷しきった教育に疲れ果てていた、私たち日本の読者には、それこそ、教育への期待を改めて抱かせる、さわやかな紹介だった」（西平直『シュタイナー入門』講談社現代新書、一九九九年、七頁）。

開かれ、流れに身を委ねることができる。

③直観を信頼する

シュタイナー学校の教師たちが有している「判断を保留する態度」も注目に値する。

コリン・ウィルソンは次のように語る。「20世紀のあらゆる重要な思想家の中で、ルドルフ・シュタイナーはおそらく最も研究しにくい人物であろう(16)。シュタイナーの思想になじんでいない人がその著作を読むと次々に障害に出くわし、意気を阻喪させられる」(傍点引用者)。そして「最も偏見のない読者でさえもうこりごりだとばかりに彼の本を投げ出してしまう(17)」。

興味深いことに、誰よりもシュタイナーその人が、同時代人には人智学的思想内容は容易に受け入れられないであろうことを自覚していた。彼は主著『神秘学概論』の「初版まえがき」でこんなことを述べている。「この本を数ページ読んだ人は、その気質次第で、微笑をうかべたり、憤激したりしながら、その本を横に置き、次のように言うであろう。「一体、どんなバカが今の時代にこんな支離滅裂な思いつきを書く気になったのか。こんな本は、世の中に出まわっている他のガラクタと一緒に、棄ててしまえばよい(18)」」。

シュタイナー思想は、彼自身がそのように述べているような代物なのである。そして本書に登場する教師たちも、はじめからシュタイナー思想を深く理解していたわけではない。それどころか、難しくてよくわからないと感じた者がほとんどだ。

しかしながら、そのわからなさは「荒唐無稽で読むに値しない」といったネガティブなものではなく、よくわからないけれど、何か重要なことが書いてあるに違いないという予感を含むものである。頭で理解するというよりは、直観的に「ここには何か重要なことが書かれているのでは」と感じ、「いまはよくわからないけれど、いつかわかるときがくる」「現時点で理解できないのは、まだ自分がそのレベルに達していないからだ」と腰を据えて向き合う。わからないものをわからないまま抱え、問いを持続させられるかどうか、これがシュタイナー思想の学びを継続してゆけるかどうかの大きな分岐点となるように思われる。筆者がインタビューを行った教師たちは、「よくわからない。だからこそ、もっと学んでみたい」という思いが湧き起こってきたようである。この点については第3章で改めて検討する。

④何歳からでもシュタイナー学校の教員になれる

教師たちの来歴をみてみると、二〇代で教員になった者は少なく、シュタイナー学校の教師になった時点での年齢は三〇代以降の者が多い。後藤洋子氏や纐纈好子氏のケースをみてみると、この学校の教師になるうえで**遅すぎるということはない**のだと気づかされる。機が熟す時期は人それぞれ。各々のタイミングで教壇に立っている。むしろ、遠回りにも思えるような経験のすべてが糧となる。

教師になるうえで、もちろん各教科に関する専門的知識や教育技術は不可欠である。だが、それ以上に、シュタイナー学校の教師たちに求められるのが、人生・人間に対する深い洞察である。エポック授業では、パッケージ化された知識を効率よく子どもたちに伝える力が求められるのではない。広い視野、好奇心、探究心や行動力

(16) Wilson, C., *Rudolf Steiner : the man and his vision*, Aeon, London, 2005, p. 9.=中村保男・中村正明訳『ルドルフ・シュタイナー』河出書房新社、一九九四年、九頁。
(17) 同。
(18) Steiner, R., *Die Geheimwissenschaft im Umriss*, Rudolf Steiner Verlag, Dornach, 2005[1910], S. 7.=高橋巖訳『神秘学概論』筑摩書房、一九九八年、九―一〇頁。

こそが重要となる。ゆえに、あらゆる人生経験を実践に活かすことができる。だから、「遠回り」は存在しない。一年でも早くシュタイナー学校の教員になれば、その分だけ優れた教員になれる、というわけではないのだ。教員歴と教師の力量は必ずしも比例しない。むしろ、教壇に立つために自らの内側をどれくらい耕すことができているかが問われる。

だから、年齢は関係なく、何歳からでもシュタイナー学校の教員を目指すことができる。適正年齢は存在せず、どのタイミングが最良かは人それぞれなのである。

⑤学校の勉強に対する問題意識

教師たちへのインタビューを通じて、彼らの被教育経験（学校の勉強に対する思い）にも共通の傾向があることに気づかされた。彼らは小学校から高校にかけて学校の勉強が苦手だったわけではない。むしろ、得意だったという者のほうが多いといえる。けれども、勉強は得意だったが面白いとは感じていなかったという声を数多く聞いた。この点は特筆すべきであろう。

考えてみればそれは当然のことかもしれない。学生時代の被教育経験に対して、何ら問題意識を抱いていなかったとしたら、あえてシュタイナー学校の教師の仕事を選びとることにはならないのだろう。「学校教育はもっと別のあり方があってもよいのではないか」「いまの教育のあり方は変わる必要があるのではないか」、少なからずそうした意識を持った者がこの教育のもとに集まっているといえる。

⑥芸術的素養をはじめから身につけていたわけではない

シュタイナー学校において、子どもたちはすべての教科を芸術的に学んでおり、あらゆる教科が芸術に満たされている。国語、算数、理科、社会、あらゆる教科の中に詩、音楽、絵などの芸術が溶け込んでいる。さらにエポックノート（口絵参照）に見られるような絵画的な要素だけでなく、音楽も重視される。(19) 強調すべきは、音楽の授業でだけ音楽が扱われるのではなく、すべての教科の中に音楽が満ちあふれているという点である。また、八年生と一二年生の節目には学びの集大成として、クラス全員参加の演劇も行われる（口絵参照）。実践の隅々にまで芸術が浸透しているシュタイナー教育において、教師には高度な芸術的素養が求められるように思われる。だが、教師を目指す者たちは、はじめから絵がうまく、優れた音楽的センスを有していなければならないかといえば、インタビューの内容をみる限り、どうやらそうではなさそうである。

シュタイナー学校は教育芸術を標榜しているが、この学校は美術学校や音楽学校ではない。「綺麗な絵が描ける人」「楽器を自在に操ることができる人」の育成を目指しているわけではないのだ。

したがって、シュタイナー学校の教師を目指すその最初の地点において、必ずしも芸術的素養を有している必要はないということになる。もちろん、教師になるための修行プロセスにおいてはそうしたスキルを磨いてゆくことが求められる。だが、芸術的素養はシュタイナー学校の教師になるための必要条件ではない。

以上、教師たちの来歴をみていくことで浮かび上がってきた特質をまとめてみた。ここで述べた六つのポイントはあくまでも筆者がインタビューを行った範囲で見えてきたことではあるが、来歴をつぶさにみていくなかで、シュタイナー学校の教師に求められる資質も浮かび上がってきたように思われる。「シュタイナー学校の教師に求められること」に関しては第3章で改めて詳しく言及することにしたい。

---

(19) シュタイナー学校の音楽室の様子については口絵参照。

さて、次章では、教員養成課程での経験に焦点を当てる。シュタイナー教育と出会った教師たちが教壇に立つ前にどのような修行時代を過ごしたのか、具体的なエピソードとともに紹介してゆく。

第2章　教師たちの修行時代

教員養成課程での経験

前章では、教師たちがシュタイナー教育と出会い、教師の道を志すに至るまでの経緯を紹介した。本章ではその物語の続き、すなわち教師たちの修行時代に焦点を当てたい。

試みに、わが国にあるシュタイナー学校の教員募集の応募要件をみてみると、シュタイナー学校で教鞭をとるためには、国内外のシュタイナー学校の教員養成課程を修了していること（あるいはこれから修了を目指す意志のあること）が望ましいと記されている。背景にある思想（人智学）を深く理解したうえでシュタイナー教育を実践するためには、やはりまとまった時間の中でじっくりとこの教育について学んでゆく必要がある。

では、シュタイナー学校の教師を目指す者は、教壇に立つうえでどのような準備を行っているのだろうか。紙幅の都合上、第1章に登場したすべての教師たちの修行プロセスを紹介することは叶わないが、以下、前章で紹介した教師たちが教壇に立つまでの修行時代のエピソードを紙幅の許す限りみていくことにしたい。

なお、わが国のシュタイナー学校の教員養成プログラムについては拙著『シュタイナー学校の道徳教育』（イザラ書房、二〇一二年）でも紹介している[1]。また、不二陽子氏、河津雄介氏がドイツにおけるシュタイナー教員養成課程での体験をまとめている[2]。さらにシュタイナー学校の教員養成の歴史については遠藤孝夫氏が詳しく解説している[3]。あわせて参照していただきたい。

1　徒弟的な学び

まずは若手教員のケースを紹介する。大学卒業後、二〇代前半でシュタイナー学校の教師を志した山下亜弓氏（東京賢治シュタイナー学校）の経験談に耳を傾けてみよう。

私は一年だけ教員養成講座を受け、その後は実習に進みました。実習に進む前は、学校に来る頻度が週二回だったのですが、それを週四日に増やしました。また、学童で子どもたちと関わる時間を増やして、教師たちの学びにも参加させていただきました。その後、学校に来る頻度はさらに増えて、週五日間、学校に通うことに。先生方にかなり手厚くサポートしていただき、子どもたちと一緒にクラスの後ろでエポック授業や専科の授業を受けさせていただきました。手仕事は子どもたちに教えてもらいながら学んでいきました。

そのときに私が教室の後ろで子どもたちと一緒に受けた授業は、いまでも鮮明に思い出すんですよね。当時の体験は、いま現在、私が授業準備をする際にすごく役に立っています。「○○先生はこういうときに子どもたちとこんなやりとりしていたな」とか。先生と子どもが私の目の前ですごいエネルギーでぶつかっているのを見させていただいたので、心の震えというか、感動というか、そういうものが身体の奥に生々しく残っていて、そういう体験がいまの自分を支えているなとつくづく思います。

しばらくすると、授業をただ見学しているだけではなくて、「授業の最後の一〇分あるいは一五分間、子どもたちにお話をしてみませんか」とお声がけいただきました。一年生の子どもたちにグリム童話のお話をさせてもらいましたね。

その後は「練習」の時間を一時間もらって、粘土で一緒に作品を作ったり、体育の授業をやらせていただ

---

(1)　この本では、筆者が受講した横浜シュタイナー学園主催の教員養成講座の概要を紹介している。また、この講座の担当講師へのインタビューを行い、講師たちが教員養成課程において何を大切にしているかを浮き彫りにした。
(2)　不二陽子『育ちゆく子に贈る詩――シュタイナー教育実践ノート』人文書院、二〇〇四年。河津雄介『シュタイナー学校の教師教育――シュタイナー教育教員養成ゼミナール体験記』創林社、一九八七年。
(3)　遠藤孝夫『ドイツ現代史とシュタイナー学校の闘い』東信堂、二〇二三年。

いたり。単発で授業を担当する機会もありました。あとは「エポック授業を三日間だけやってみましょう」というようなご提案もいただきました。

先生方も一緒になって授業の準備をしながら、エポック授業の構成について学びを深めることができました。私はここ（東京賢治シュタイナー学校）の先生たちにはじめて出会ったときに、「何なんだ、この大人たちは！」という衝撃がすごかったんですね。それまでの短い人生経験の中で、「こういう大人にはなりたくない」という大人にはたくさん出会ってきたのですが、「シュタイナー学校の先生たちはすごいな、ここで私も一緒に働きたいし、もし働くことができたならばどれだけ学びが深められるだろう」という確信はまったく揺らがなかったんです。

シュタイナー学校に通い始めた三年目の夏頃のこと。「来年度、一年生の担任をやってほしいのですが、どうですか？」とお声がけいただいて喜んでお引き受けすることにしました。その年の夏以降は来年度以降、実際に自分が教壇に立つことを想定したうえでの実習が行われました。特に低学年のクラスに密に入らせていただき、いろいろと学ばせていただきました。当時一年生クラスの担任だった鴻巣理香先生のクラスに何か月もお世話になり、教室の後ろでずっとエポック授業を浴び続け、子どもたちと一緒に学んでゆきました。エポックを一つ担当させていただき、授業の構成もしました。先生方にフィードバックをいただき、気になることは質問させていただきました。次年度からすぐに必要になりそうなことを集中して学びました。

山下氏が経験したことは、**徒弟的な学び**の視点から捉えることができる。徒弟制（apprenticeship）とは、職人や伝統芸能などの世界において、後継者の養成と技術的訓練を行うものであるが、山下氏は徒弟的な学びのなかでシュタイナー学校の教員に求められるありようを学んでいった。

ここではアメリカの認知学者ジョン・S・ブラウン（Brown,J.S.）やアラン・コリンズ（Collins,A.）らによって提唱された**認知的徒弟制**（cognitive apprenticeship）の理論を補助線にして、山下氏の成長プロセスを読み解いていきたい。認知的徒弟制とは、職人の世界などにおける知識や技の伝承にあたって、弟子が師匠から学ぶという伝統的な学習過程を認知的な観点からモデル化したものである。向後千春によれば、認知的徒弟制の教え方は以下のようにまとめられる(4)。

1. モデリング（modeling）……手本となる熟達者が実際にどのように問題解決をしているのかを観察させる。それにより、どのようにしたら課題を達成できるかを学習者が概念化できるようにする。
2. コーチング（coaching）……実際に問題解決に取り組んでいる学習者に、熟達者が一対一でついて、ヒントを出したり、フィードバックを出したりして、指導する。
3. スキャフォルディング（scaffolding）……一通りのことができるようになったら、学習者が独り立ちできるように手助けの範囲を限定し、サポートする。
4. フェーディング（fading）……学習者が独り立ちできるようになったら手を引いていく。つまり、支援を取り除いてゆく。

最初、山下氏は「教室の後ろで子どもたちと一緒に授業を受ける」なかで、「モデリング」を経験している。週五日間、学校に通い、子どもたちと一緒にクラスの後ろでエポック授業や専科の授業を受け、ひたすら教師

（4）　向後千春『上手な教え方の教科書――入門インストラクショナルデザイン』技術評論社、二〇一五年、一四五頁。

（手本となる熟達者）の授業を観察した。それは生きた学び（状況に埋め込まれた学び）ともいえるもので、「先生と子どもが目の前ですごいエネルギーでぶつかっている」のを目の当たりにするなかで、個別具体的な状況下で、熟達教師がいかに子どもと向き合い、問題解決を図っているかを肌で感じていたのである。

そしてある時点からは、ただ見学するだけではなくて、授業の最後の一〇分あるいは一五分間が持ち時間として与えられ、教壇に立って子どもたちに「グリム童話のお話をする」機会を得ている。これは「コーチング」のフェーズに相当するだろう。熟達教師からの手厚いサポートのもと、絶えずフィードバックが与えられ、山下氏はシュタイナー学校の教師に求められることが何なのかを掴み取ってゆく。

その後、与えられる持ち時間は徐々に増え、ついにエポック授業を三日間担当させてもらえるようになる。これは「スキャフォルディング」の段階といえる。約一〇〇分間のエポック授業を担当するということは、一〇分程度の時間枠を与えられるのとは重みが異なる。山下氏の担うべき事柄は増え、独り立ちできるよう、彼女は熟達教師からの指導を受ける。修行過程を通じて、山下氏の担当領域は拡大し、担うべき責任も大きくなってゆく。

クラス担任となって四年目（二〇二二年度現在）のいま、山下氏はフェーディングの段階に至っているといえる。後述のとおり、山下氏はシュタイナー学校の担任教師になって以降もメンター教員のサポートを受けることになるが、現在は、「フェーディング」のフェーズへと移行し、熟達教師は必要に応じて山下氏に助言を与える段階に至っている。

また、ここにおいて決定的に重要なのが、山下氏のうちにある学びの動機である。山下氏を突き動かしたのは、右の引用が示すとおり、「シュタイナー学校の先生たちはすごい、ここで私も一緒に働きたいし、もし働くことができたならばどれだけ学びが深められるだろう」との思いである。

ここで鍵を握るのが「威光模倣（imitation prestigieuse）」という概念である。「威光模倣」とはフランスの社会学者マルセル・モース（Marcel Mauss）（一八七二～一九五〇年）が提示した概念であるが、「威光模倣」についてモースは次のように述べる。

……そこで生ずるのは、威光模倣である。子どもも大人も、その信頼し、また自分に対して権威を持つ人が成功した行為、また、成功するのを目の当たりにした行為を模倣する。……個々の模倣者に対して秩序立ち、権威のある、証明された行為をなす者の威光ということの概念の中にこそ、まさしく一切の社会的要素なるものが存在する。(5)

すなわち、モースのいう「威光模倣」とは、倉島哲が指摘するとおり、「「威光」を帯びた模倣対象者――つまり、その行為が社会的権威を帯びているのみならず、その行為の有効性が「証明」されている模倣対象者――によって目の前で行われた行為が「成功」したために、その行為の形式を模倣すべきものとして認識した模倣者が、同じ形式を身に付けるべく意識的に開始する「模倣行為」なのである」(6)。注目すべきは、模倣対象者は社会的権威者でなければならないというわけではなく、実際にある行為を「成功」させることができる者であるという点である。そしてその成功を目の当たりにした学習者が自発的に模倣対象者に従うことで、「威光模倣」が成立するのである。教育学者の生田久美子が述べるとおり、模倣対象の「形」だけを真似る「模倣」とは異なり、「威光模倣」においては、価値的なコミットメントが存在する。(7) シュタイナーの教育観（教育に関する価値観）への

（5）Ｍ・モース（有地亨・山口俊夫訳）『社会学と人類学Ⅱ』弘文堂、一九七六年、一二八頁。
（6）倉島哲『身体技法と社会学的認識』世界思想社、二〇〇七年、一一八頁。
（7）生田久美子『「わざ」から知る』東京大学出版会、一九八七年、一一六―一一七頁。

コミットが不可欠となるのだ。山下氏はシュタイナー教育に対して価値的にコミットし、熟達教師たちの模倣を通じて自らの学びを深めていったのである。

2　威光模倣の対象との出会い

威光模倣の対象との出会いはシュタイナーの教員養成課程において決定的に重要なのだろう。威光模倣の対象との出会いにより、学習者の学びは質的に深められてゆくことになる。

公立中学校の教師をつとめたのち、アメリカに渡った纐纈好子氏（京田辺シュタイナー学校）のケースをみてみよう。シュタイナー教育の教員養成課程に通いつつ、現地のシュタイナー学校でアシスタントをつとめた纐纈氏は、学校現場での生きた体験の重要性を強調している。

もともとノースリッジの教員養成には二年間フルタイムで教育課程を修了するコースがあったのですが、私が留学したときにはフルタイムのコースがなくなってしまい、土日のみの三年間コースになっていたんですよ。

それで三年間、月曜日から金曜日は現地のシュタイナー学校（パサデナヴァルドルフスクール　Pasadena Waldorf School）にアシスタントとして入り、土日は教員養成に通うという生活をしました。

教員養成課程での学びも面白かったのですが、平日はシュタイナー学校の教室でずっと過ごしました。一年生から順に各学年のクラスを全部見せてほしいとお願いし、各学年およそ二週間ずつ、無給でアシスタントとして授業に入らせてもらいました。

その後、私がついた先生が、私と同じ年齢だったのですが、生まれながらのシュタイナー学校教師みたいな人で、本当に子どもを一日たりとも失望させずに導いていて、すごい先生だったんですよ。私も授業づくりには苦労しましたのでわかるんですけど、「この人はすごい！」と心底思いました。その担任の先生があまりにもすばらしすぎて、逆に専科の先生の授業が成立しないんですよ。面白くないから（苦笑）。専科の時間になると子どもは大暴れで、ギャングみたいになっていました。担任の先生の授業のときには子どもたちはきちんとするのですが。その両方の状態を見ましたね。

その後、「この学校で働いてほしい」と言われたので、「そのすばらしい担任の先生、デメネット先生につきたい」とお願いし、正式にアシスタントとして働くことになりました。本当に生きたシュタイナー学校体験で、**それが一番の教員養成でした**。

一年間を通してシュタイナー学校ではどんなお祭りがあるのかとか、教員会議にも入っていたので、どういうふうに教員が勉強するとか、さまざまなことを丸々二年半ぐらい学ばせてもらいました。

留学経験のない状態でアメリカに渡ったのですが、毎日が充実していてすごく楽しかったです。ただ、教員養成課程の講義はちょっと大変でしたね。日本にいるあいだに人智学には長い期間親しんでいましたから、講義を聞き取ることはできたのですが、レポートを出すとか、プレゼンするとかは大変でした。

吐きそうなぐらい勉強しました（笑）。朝から『自由の哲学』や『一般人間学』など、全部英語で読み、討論に加わるわけですから、夕方にはふらふらになってしまって。でも、その冬にすごく有名な講師の講義を受ける機会があったのです。そうしたらすごく内容がわかって、これまでの講義でわかりにくいときもあったのは「私の英語力のせいばかりじゃなかったんだ！」と思いました（笑）。話す中身をよくわかっている人が講義したら、わかるんだと感じました。

いずれにしても、ウィークデーはシュタイナー学校でいろいろと体験をして、土日に教員養成に通い、一年目から実践と理論のバランスが取れていましたね。

纐纈氏の言葉にもあるとおり、やはり、熟達教師と長時間、同じ空間で過ごし、日々の実践に関わることが「一番の教員養成」なのだろう。徒弟的な学びによってしか掴み取ることのできない事柄があるのだ。熟達教師の授業実践の場に身を置くなかで、纐纈氏は熟達教師が纏っている身体性と同期し、教師に求められる「わざ」を獲得していくことになる。

教師の「わざ」はマニュアル化できるものではない。同じ内容の授業でも、クラスが異なれば、授業の雰囲気や展開は異なる。授業においては、一回限りの再現不可能な状況の中で、その都度、即興的な判断を下すことが求められる。教師の「わざ」はその都度、生起するものであり、状況に合わせて（状況に寄り添う形で）発現の仕方が変化する。

ここで、教育学者・生田久美子の提示する二分類（Task と Achievement）を参照しよう[8]。生田は Task と Achievement のそれぞれの「学び」の違いを区別し、両者の区別を概念図のうちに整理したうえで（図1）、次のように述べる[9]。

Task の学びは、いかにしたらある種の行為ができるかという「方法（やり方）」の学び（Learning “how to do”）として言い換えることができるのに対して、Achievement の学びはある種の行為が生起してしまう「状態の学び」（Learning “to do”あるいは“to be”）の違いとして解釈することができる[10]。

つまり、Task の学びは、例えば板書の仕方、発問の仕方、掲示物の貼り方などをいかに身につけるか、その「方法」に関する学びである。対して Achievement の学びはある行為が生起した状態を学習者に突きつける学びであるといえる。「ある種の「わざ」が到達した状態とは、それを目指す当該の学習者が、要素的あるいは段階的な学習活動（Task）を経た結果「なってしまった（なってしまっている）」状態である」[11]。Achievement の学びは、その状態を学習者に「提示」するなかでのみ促しうるのである。すなわち、ハウツー化できるものではないのだ。この意味において生田が指摘するとおり、Task の学びと Achievement の学びは混同されてはならない（両者はカテゴリーが異なる）。

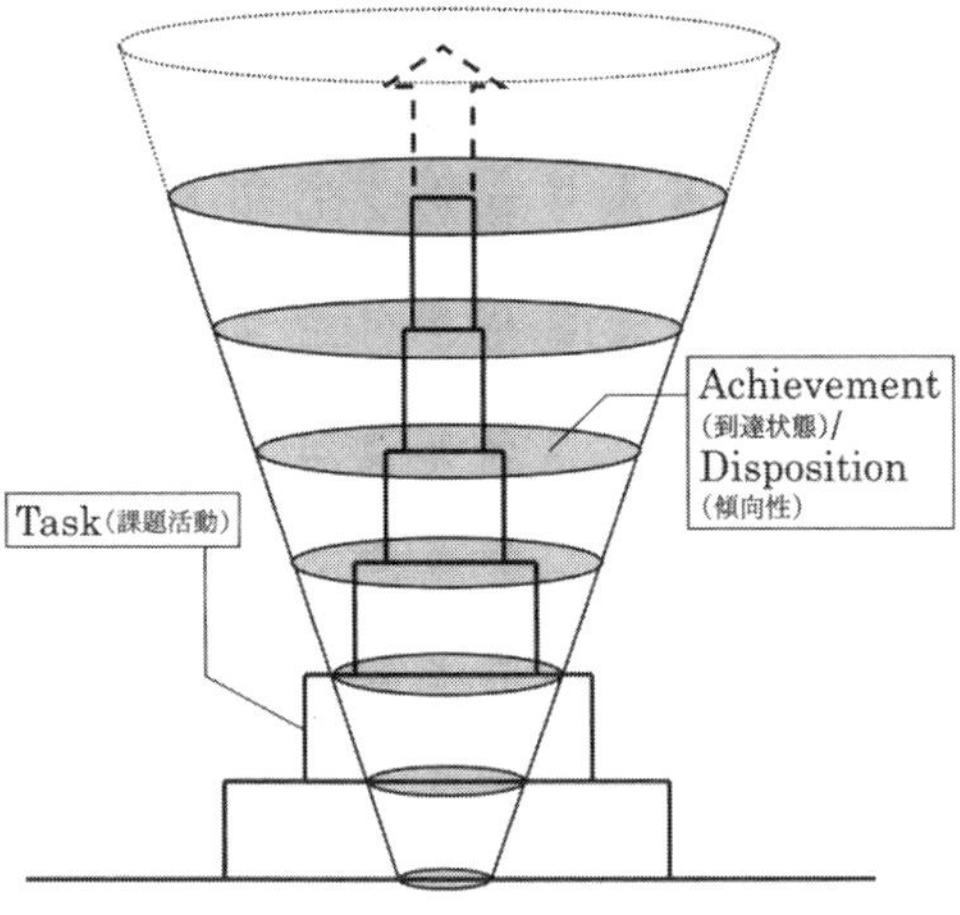

図1　Task と Achievement の関係概念図

Task の学びと Achievement の学び、両者は緊密に結びついている。学習者には両者を区別したうえで、その連関を考慮し

（8）生田久美子「「わざ」の伝承は何を目指すのか——Task か Achievement か」生田久美子・北村勝朗編『わざ言語——感覚の共有を通しての「学び」へ』慶応義塾大学出版会、二〇一一年、一三頁。

（9）「わざ」の獲得状態（Achievement）においては、高次の傾向性が発現する。「わざは、固定化された、方法の集合としての「技術」としてはみなされていない。目指されている「わざ」は、課題の積み重ねを経て辿り着く高次の「傾向性」の発現であり、それは Task ではなく Achievement としてみなされている」（同、二四頁）。なお、ここで生田が述べる「傾向性」とは、「反射行為や習慣のような単一的な傾向性（single-track disposition）とは異なる、無限に多様な表れ方をする高次の傾向性（multiple-track disposition）である」（同、六頁）。

（10）同、一二頁。

（11）同。

た自覚的な学びが求められるのである。この点に関する生田の主張は重要だ。

Taskそれ自体の「学び」が優先的に目指されることもあるとしても、Taskの「学び」はAchievementの「学び」を展望に入れている限りにおいての「学び」であることを私たちは認識する必要がある。さらに、Taskと異なる位相のAchievementの「学び」に至るためには、……教える者と学ぶ者の間での「場」の共有に基づくAchievementの感覚の共有が不可欠であることが承認されるならば、これまで学校教育が依拠してきた表象主義的な「学び」観は後退を余儀なくされるに違いない(12)。

シュタイナーの教員養成課程においては、シュタイナーの理念が一人ひとりの教師の中で、いかに生き生きと作用しているか、その状態を目の当たりにすること（Achievementの「学び」）が極めて重要だということを縷縷氏の言葉が物語っている。シュタイナー学校の教師の「わざ」が発動している「場」を共有し、教える者と学ぶ者との間でAchievementの感覚を共有することが不可欠なのだ。

さて、教員養成課程において、威光模倣の対象と出会い、学び手がAchievementの学びの機会を獲得することはその後の成長にとって極めて重要な契機となることが佐藤邦宏氏（北海道シュタイナー学園）からも語られる。

教員養成課程の中で、何よりもすばらしかったのは人ですね。人というのは、先生たち。例えば、Waldorf 100という映像に出演しているアメリカ人のベティ・ステイリーという教師。彼女は私の恩師なんですよ。シュタイナー学校の教師を二〇年、三〇年されていた方たちが教員養成の講師をなさっているので、本当にこういう人たちがいるんだな、こんな懐の深い人たちがいるんだなと感動しました。その感覚はいまも残っていますね。

そこに集まってきている受講生たちも、「ああ、こんなこと考えているんだ」と、日々、考えをシェアすることができました。それまでの人生では人と何も共有できなかったけれど、はじめていろんなことをちゃんと心からハート・トゥ・ハートで話すことができました。生きている目的とか、どう生きたいだとか、人生のいろんなこと。それが私の原点としてあって、私が一番大切にしている**魂のニーズ**が本当に満たされた時間だったんじゃないかなと思います。そういう四年間だったと思います。

学びによって魂のニーズが満たされる経験。この経験を持つことを通じて、教員志望者が教師になって以降も学び続けてゆくための基盤が形成されてゆくことになるのだろう。

3　魂の在り方の変容

シュタイナー学校の教員養成課程では、教員の要件が抽象的な形で題目として、徳目のごとく受講者の前に提示されることはない。ましてや、そのエッセンスが羅列、整理され、そうした要素の暗記が求められることもない。教員養成課程の各セクションにおいて、具体的なテーマの中でシュタイナー学校の教員に求められることが生きた形で受講者に示され、その体得が求められるのである。この点をめぐりシュタイナーは重要な指摘をしている。

---

(12)　同、二一六頁。

ご承知のように教師は試験で質問された知識に答えるわけですが、この質問に答えられるかどうかは二次的な事柄です。教師は大抵の場合、試験では数時間前に何かのハンドブックで調べることのできる事柄に関して質問されるからです。必要な時にハンドブックで調べることができる内容は、調べればすむことですから。しかし試験では、見ることができないもの——それは教師の一般的な魂の在り方です——これこそが、精神的に常に教師から生徒に流れ込まなければならないものなのです[13]。（傍点引用者）

シュタイナー学校の教員養成においては、ハンドブックで調べることのできる知識を身につけることではなく、教師の**魂の在り方**こそが問われるのである。もちろん、シュタイナー思想の基礎的知識を理解することは重要だが、教員養成講座において受講者に求められるのは知識やハウツーの集積ではない。教員養成プログラムをつうじて、受講者は魂の在り方を変容させる必要があるのだ。

この点をめぐって、石尾紀子氏（北海道シュタイナー学園）の言葉を参照したい。シュタイナー学校を日本に創設した初期の方々の様子がリアルに伝わってくる。

いずみの学校の全日制が始まったのと同じ年に、ひびきの村[14]の教員養成講座も始まりました。午前中はシュタイナーが書いた本を読んだり、インナーワークを行ったりしました。午後は、大村祐子さんが知り合いのつてを総動員して、海外のシュタイナー学校の先生が、月替わり、週替わりぐらいで日本に来られていました。いずみの学校ですでに教え始めている先生も一緒に、午後の授業を受けたんです。だから、先生を育てながら学校を運営していたという感じでしたね。海外の先生が来られたときには親御さんにも理解を得て、午後に先生たちが勉強する時間を確保していました。いずみの学校の先生たちと教員養成の受講者がものすごく中身の濃い授業を集中的に受講したので、いま振り返ると密度が濃い一年でした。すでに働いていらっしゃる先生たちと共に、学校のある部分を担っているような感覚があり、少しずつ授業も担当させていただきました。

月曜日から金曜日まで毎日、朝九時から一五時、一六時ぐらいまでみっちり勉強しました。そこで学んだ人たちが、次の年にはいろいろなクラスの専科科目を担当したり、担任を受け持ったりすることができるように育てているという雰囲気でした。だからすごく実践的な内容が多く、しかも、内容が深かったです。いまでもそのときに取ったノートは参考にしています。

毎日、シュタイナーの書いた本を読みましたが、内容が難しくて。細い糸を手繰るような感じで少しずつ掴み取るみたいな感じでした。もちろん教師に求められる実践的な学びも大事だったのですが、**自分の内側が内省的に変わっていく**ような経験をさせていただきました。

すごく不思議なのですが、シュタイナーの本を読むと、直観的に「本当のことが書いてある」と思うんです。一回読んだくらいでわかるものではなくて、何度も出会って少しずつ理解していく感じです。すでにシュタイナー教育を深く学んでいらっしゃる方が講義をしてくださるので、そのなかでまた新たに理解を深

(13)　ルドルフ・シュタイナー（今井重孝訳）『社会問題としての教育問題――自由と平等の矛盾を友愛で解く社会・教育論』イザラ書房、二〇一七年、一三三―一三四頁。

(14)　人智学共同体「ひびきの村」は一九九六年秋、北海道伊達市に創立された。「「ひびきの村」に集まる者は、ルドルフ・シュタイナーが示す世界観と人間観を学び、それを日々の生活の中で実践すること」を目指している（大村祐子・ひびきの村『ひびきの村　シュタイナー教育の模擬授業――大人のための幼稚園・小学校スクーリングレポート』ほんの木、二〇〇一年）。

めてゆく。

教師として働き始めてからも、シュタイナー関連の講座に出て、何度も何度も出会い直す必要があるように思います。

シュタイナーの教員養成課程においては、人智学の主要文献の講読が行われる。その内容を知識として理解することはもちろん大切だが、より重要なのは、自分の内側が内省的に組み変わってゆく体験、すなわちシュタイナーのいう、魂の在り方の変容こそが求められるのである。シュタイナー教育の理論について「知ること」は「変わること」に直結していなければならない。

また、石尾氏の「一回読んだくらいでわかるものではなくて、何度も出会って少しずつ理解していく感じ」という言葉も重要だ。魂の在り方の変容は、一朝一夕に果たされるものではなく、シュタイナーの理論に浸るなかでじっくりと時間をかけて果たされることになる。

4　シュタイナー思想を「高次の本能」として落とし込む

さて、教員養成課程における講義はどのような形で行われているのだろうか。教員養成課程での具体的な経験について、中村真理子氏（京田辺シュタイナー学校）のエピソードをみてみよう。中村氏のエピソードからは、教員養成課程の担当講師によって異なるアプローチがとられていること、受講生ごとにシュタイナーの理念を掴み取る方法も異なることがうかがえる。以下は、イギリスのエマソンカレッジでの中村氏の経験談である。

エマソンカレッジはシュタイナーの教員養成課程ですので、子どもの発達段階に関する講義がありました。子どもたちが実際に学校で受けるエポック授業ほどは長くはない二週間程度ですが、エポック授業形式で植物学や歴史の授業をどんどん学んでいきました。そういう講義も面白いとは思ったのですが、午後はほとんどが芸術的な体験の時間になっていて、水彩、演劇、スピーチなどについて実践的に学びました。その時間はとても大事でしたね。というのも、例えば水彩の体験でいうと、「色が力を持っている」とか「生きている」とか言われても、言葉だけで聞いてもよくわからないですよね。

水彩の授業のときに、グループが二つに分かれて、それぞれに一人ずつ先生がついて学ぶことになったんです。私のグループの先生は、なんとか受講生に色の力を体験させたいと思っていたんですね。もう片方のグループの先生は、その難しさを知っているから、「こう描いたらいいよ」と受講生たちを導いてくださっていたんです。シュタイナーの教員養成課程でもやはり先生によって教え方が違うんですね。

もう片方の先生のクラスの受講生は、先生に導いてもらえるのできれいな絵が描けるんです。それである程度の満足度が得られるのですが、うちのグループの担当の先生は、受講生が自らの力で色の体験をしてほしいと思っているのでわかりやすくはない。結局、「授業中に何をやっているかわからない」という文句が受講生からかなり出てきてしまったんです。

私も最初の頃、本当に何をやっているのかわからなかったんです。例えば、先生がグリム童話の話をしながら、いくつかの色を組み合わせて、「ほら、ここに自然とワシが飛んだでしょう！」と受講生に問いかけたことがありました。私からすると、「うーん、確かに言われてみればワシが飛んでいるように見えるけれど、それは単に先生がそう見えるように描いているだけなんじゃないか」と思ってしまいました（苦笑）。

そんななか、あるとき『兄と妹』というグリム童話（お兄さんが鹿になる話）を題材にして、その場面を色彩で描く時間がありました。まずは青色を広げ、部分的に黄色を混ぜて緑の森を描き、その中に黄色を置いて、鹿を表現することが課題でした。その時間、青色と黄色の力の中に浸り、最後に黄色を置いてみたときに、その黄色が自分だったら描けない、ものすごく生き生きした鹿の形に見えてきたんですよ。

「これだ!」と思っていると、先生がやって来て「その色を育てるんですよ。自分で鹿を描こうと思って描くのではなくて、鹿に見えてきたものを育てるんですよ」と言われたんです。そこで、そのままちょっとだけ首を伸ばしてみたところ、「こんな鹿、私は描けない!」というほどの生き生きした鹿を描くことができました。

日本の小・中・高生って、美術部の人でもない限り、それほど絵を描かないじゃないですか。いま、私は絵を描くことが好きなのですが、当時は特に絵を描くのが得意ではありませんでした。いま思い返してみると、嫌いだったんじゃないかとすら思います。

だから、「こんな鹿が自分に描けるんだ!」ということに驚き、それは色の力なんだと感激しました。この体験はとても大きかったですね。

ただ、エマソンカレッジで教員養成課程を経験した人が、**みんな同じ体験をしているかといえばそうではないと思います。各々掴むものは違いますし、もしかしたら、私が色彩の時間に体験したようなことを音楽の時間に体験している人もいると思います。**

水彩以外にも演劇など、こうした体験が芸術的な授業の中で展開されました。理論だけじゃないところがシュタイナー教育のいいところなのではないでしょうか。単に「生き生きとした授業をしましょう」と呼びかけるだけではなくて、生き生きとした授業をするためにはこういう具体的な方法があるよと教えてくれます。「みんなで仲よくしましょう」と理想を掲げるだけじゃなくて、クラスの協調、ハーモニーを生み出すためにはこんな方法があるよと示してくれるんです。

とはいえ、**それがマニュアル化されてしまうのは避けられるべきです**。マニュアルは役に立つことがたくさんありますし、私もマニュアル本を読みます。「教師がこう言えば子どもたちは動く」とか、そういうマニュアルは参考になるのですが、結局のところ、マニュアルだけでは通用しないんです。教室に入ったら、同じように指示を出しても、子どもたちがそれをすとんと聞くか、納得するか、そして授業が本当に生き生きするかどうかは、**教師一人ひとりの内側が試されます**。一瞬を見逃さずに声をかける必要もありますし、本当にちょっとしたニュアンスで子どもたちに伝わるものが変わってきます。だから、教師には内側を耕すことが求められているのだと思います。

ここで興味深いのは、受講者によってシュタイナー教育の理論を掴み取るタイミングが異なるという点である。シュタイナーの教員養成課程においては、講師が多様なアプローチで受講者にシュタイナーの理論と実践を提示する。人智学という共通の思想をベースにしているものの、講師によってその理解の仕方や伝え方はさまざまである。講師たちは自らの中で血肉化したシュタイナーの理念をそれぞれのやり方で受講者に提示するのであるが、そのうちのどれがジャストフィットするかは、受講者ごとに異なるのである。

もう一点、中村氏のインタビューにおいて注目すべきは、生きた子どもたちと対峙するためには、シュタイナー教育の理論や方法を単なるマニュアルとして適用すべきではないという点である。それらを外側から与えられたものではなく、内側から理解して、子どもたちと向き合う必要があるのだ。このことはシュタイナー自身も述べていることである。

教育者は最初になにか理論的なことを学んで、「理論的に学んだことを、あれこれの方法で子どもに適用してみよう」と、思うべきではありません。そのようなことをすると、子どもから遠ざかることになります。そのような方法で子どもに近づくことはできません。教育者は、自分が人間について知っていることを一種の**高次の本能**と化し、個々の子どもの生命活動に、ある意味で本能的に向かい合うのです。そのことをとおして、人智学的人間認識は、今日流布している人間認識と区別されます。今日流布している人間認識は、せいぜい教育技術へと導くぐらいであって、ほんとうの教育者の態度、ほんものの教育者の実践へと導くものではありません。ほんとうの教育者の実践の基盤となる人間認識は、子どもに向かい合って、どの瞬間にも本能的に、なにをすべきかがわかるようにさせるものなのです(15)。

この一節は何を意味するのであろうか。教師が「高次の本能」に従って、子どもに向き合うというのはどのような状態なのか。シュタイナーが提示した方法をマニュアル化し、機械的にそれを適用するのとは質の異なる態度である。この点についてシュタイナーは巧みな比喩を用いて解説を行う。

「わたしたちは飲食に関するさまざまな理論を持っている。しかし常日頃、いつ食べ、いつ飲むべきかについて、理論的に考案したことにしたがっていない」と、いうことができます。喉が渇くと飲み、おなかがすくと食べます。身体組織にしたがっているのです。生活リズムを決めるのはよいことなのですが、人間は喉が渇くと飲み、おなかがすくと食べるのです。生命が自ずと、そのように欲するのです。飢えと食事との関係のように、ほんとうの教育実践の基盤となる人間認識を、子どもに向かい合う人間のなかに作り出さねばなりません。おなかがすくと食べるというように、自然なかたちで子どもに向かい合うことができねばなりません。空腹を感じるとものを食べるように、子どもに接して、まったく自然に「いまは、こうすべきだ。ああすべきだ」ということがわかる、心魂と精神のなかに突き進む本物の人間認識がなくてはなりません。このような方法で人間認識が内的に充満して本能的なものになると、その人間認識はわたしたちを教育実践へと導きうるものになります[16]。

シュタイナーの理念を生きた理念として取り込み、内側から自分のものにする。これにより、シュタイナーの人間認識と合致した振る舞いができるようになることが求められているのである。「喉が渇いたら飲み、お腹がすいたら食べる」という自然の摂理に従うかのごとく、教師が人間認識を内面化する必要があるということである。シュタイナーの理念に基づき「〇〇せねばならない」といった外在的な規範に基づくのではなく、内在化された理念に基づいて子どもたちと向き合うべきだというのだ。

そのためには前節で示したとおり、魂の在り方の変容を伴った成長が求められることになるだろう。「シュタイナーの理念を生きる」ことが理想となる。もちろん、それは教員養成課程の中でのみ達成されることではない。だが、少なくとも、教員養成課程のさまざまなプログラムの中で、受講者は教壇に立つにあたって、そうした魂の在り方の変容が必要であることを自覚せざるをえないのである。

(15)　ルドルフ・シュタイナー（西川隆範訳）『シュタイナー教育の実践』イザラ書房、一九九四年、三八―三九頁。
(16)　同、三九―四〇頁。

5　教師のタイプの複数性

前節では、教員養成課程に携わる講師たちがさまざまなアプローチで受講者に人智学のエッセンスを伝えていることを示したが、このことはシュタイナー学校の教師たちのありようが多彩であるという事実と正確に一致する。同じ一つの理念（人智学）をベースとしているものの、シュタイナー学校の教師たちは定型的な姿をしているわけではない。この点に関する若林伸吉氏（京田辺シュタイナー学校）のエピソードはじつに興味深い。

シュトゥットガルトのフライエホッホシューレ（Freie Hochschule）に留学する際、申し込みの時点で学歴や教員としての実践経験を満たしているので、担当者の方に履修期間は一年か二年でいいと言われたんですよ。私は当時結婚していて、子どもがいました。またドイツ語学科で学んだ経験はあるのですが、ドイツ語に自信がなかったので、なかなか学ぶのが難しいだろうなと思い、長めに学ばせてほしいとお願いをしました。

履修コースのなかには、高校を卒業した子たちが入学して三年間あるいは四年間で学ぶコースがあるのですが、「三年間、そのコースで学んでみたら」と助言を受け、そこで学ぶことにしました。

若い子たちと一緒に学びを始めたのですが、やはりドイツ語が難しく、口語が本当にわからず、議論も理解できませんでした。一年目の最初の実習では、生徒たち一人ひとりにキャンプヒルでの実習が割り当てられ、コワーカーという形で、キャンプヒルでお手伝いをする期間が一か月くらいあって、その経験は自分にとって非常に大きかったです。

一年目が終わり、四年課程で入学している子たちは、次の一年間で実習に行ったり、芸術の学びを深めたりする年があったんですけれども、私は三年課程のコースを履修していたので、その期間はカリキュラムに含まれていなかったんですね。けれども「四年課程の人たちと同じように一年間学ばせてほしい」とお願いをして、一年間、いろんな学校に実習に行かせてもらうことになりました。

シュトゥットガルトにある世界初のシュタイナー学校や二校目にできたシュタイナー学校にも行きました。ドイツにはインテグレーション教育、インクルージョン教育に基づくシュタイナー学校があるのですが、私は、発達障がいに興味があったので、そういう学校にも行かせてもらいました。現場で働く教員といろいろとお話させてもいただきながら、ドイツ留学二年目は勉強させてもらいました。現場に出て、実践的に子どもたちと関わりながら学んだ経験はかなり大きかったです。

そして、教員養成課程の三年目、四年目は二年間コースと同じ学びを行いました。

教員養成の期間、家族と一緒にドイツに渡りました。娘はシュタイナー幼稚園に通い、息子は生まれて半年くらいでした。ドイツ留学中の最後の年は息子もシュタイナー幼稚園に入園しました。

妻も私と同じくドイツ語学科出身なので、買い物など日常的な生活には困らなかったのですが、ただ、異国の地での子育ては大変でしたね。家族には申し訳なかったなと思っています（苦笑）。

四年間の教員養成課程の中で、シュタイナー学校で働いている先生方が多様であるということに気づきました。

「発達障害」をもった子を対象としたあるシュタイナー学校で出会った先生は、かなり厳しい先生で、叱るときには、かなりガツンと生徒たちを叱っていました。子どもたちの特性を踏まえてそのような叱り方をしているという話を聞いて、なるほどと思いました。同じ学校に勤めている別の女性教員は非常に優しい感じの先生でしたが、はっきりとした枠を持っていて、凛とした雰囲気をまとっているんですよね。さらにもう一人の男性教員は、とてもジョークの好きな面白い先生で、子どもたちにも非常に愛されていました。教室にハッピーな雰囲気が漂っていましたね。シュタイナー学校の教師にはさまざまなあり方があるんだと気づきました。シュタイナー学校の教師としてのあり方について、**共通の芯**みたいなものはあるのですが、やはりそれぞれのあり方は違うなと思いました。

若林氏の言うとおり、シュタイナー学校の教師たちの姿は多様である。だが、それぞれがバラバラなわけではない。彼らのうちには共通の芯が存在している。この点は極めて重要である。教師たちに共通の芯を与えているもの、それは紛れもなくシュタイナーの思想（人智学）だろう。だが、その芯は同じようなタイプの教員を量産するのではなく、バラエティに富んだ教師を誕生させている。教師たちの個性に応じて、シュタイナー思想の汲み取り方は異なる。共通する理念を土台にしつつも、その現実的な表出の仕方はさまざま。教師のあり方は無限に多様なのである。

6　目に見えない存在にアクセスする

さて、シュタイナー学校の教師たちに共通の芯を与えるもの、それは「目に見えない存在」への敬意である。人智学においては、前提として目に見えない世界を大切にする。(17) 教員養成課程においても、そのことは極めて重要なポイントとなる。この点に関して、オイリュトミーの担当教師・田原眞樹子氏（福岡シュタイナー学園）の経験談を紹介しよう。

オイリュトミー（Eurythmie）は、eu（ギリシア語の「よい」）と rythmus（ドイツ語の「リズム」）を合わせて作られた言葉で、シュタイナーによって始められた音楽や言葉の韻律に合わせて動く芸術です。子どもの心身の成長に大切な働きをするということで、シュタイナー学校ではエポック授業・フォルメンと並んで他の教育機関にはない特徴ある授業として取り入れられています。

シュトゥットガルトオイリュトメウムでの当時の四年間の学びで、大人と子どものためのオイリュトミー教師のディプロマをいただきました。毎日 Ton-Eurythmie（目に見える歌としてのオイリュトミー）と Laut-Eurythmie（目に見える言葉としてのオイリュトミー）の授業がありました。学年が上がるにつれて、ソロやアンサンブルの時間が加わり、四年生ではメルヒェンの上演、卒業論文の発表そして卒業公演へと向かいました。

オイリュトミー以外の授業には、一般的に音楽家が身につける必要のある楽典や和声の聞き取り、合唱、シュタイナーの歴史観に基づく音楽史や骨学などの講義、それから言語造形（発声・発音・朗唱・劇）の時間が毎週あり、そのほかに、鉱物学・植物学・動物学・水彩・色彩・天文学などの集中講座があって、それらすべてのことがオイリュトミーの内容になっていきました（現在 Stuttgart Eurythmeum は隣接するヴァ

(17)　教師たちへのインタビューにおいて、「目に見えないもの」というタームは何度も登場した。例えば、北海道シュタイナー学園でアウトドア専科を担当している勝部武志氏は次のように述べる。「（実践のなかで）目に見えない存在とのつながりはおのずと感じられるというか、感じざるをえないというか、そういう部分はありますね。私はいま（二〇二二年現在）シュタイナー学校の教員になって一五年目なのですが、いまのところですけれども、大きな事故がないままこられているんですよね。やはり守られているというか。もちろん、事故が起きないように細心の注意を払っていますが、自分が気をつけているから事故が起きていないというようなことではなく、守られている、守っていただいているみたいなところはあるのかなというふうに思いますね」。

ルドルフ教育ゼミナールと協働して、四年間の基礎コースで教育学的基礎内容を伴うオイリュトミー学士の養成を目指し、さらにオイリュトミー学士号取得者に向けて一年間の教育オイリュトミー修士課程プログラムが用意されています。つまり、以前の職業訓練的専門学校という位置付けから、日本でいう四年制単科大学の位置付けに変わり、シュタイナー学校での成長段階におけるオイリュトミー授業内容の充実と、オイリュトミストの社会的地位の確立を目指していると思われます。このような制度はドイツ国内のオイリュトミー学校でも、またドイツ以外でも異なっています。オイリュトミー学校卒業後は、教育分野だけでなく療法分野の専門的養成機関や、舞台に進む人もいます）。

オイリュトメウムでは当時の学校長エルゼ・クリンクさん(18)との出会いが特別なものになりました。入学したばかりの授業で、すでに生涯にわたるオイリュトミーの基本を教えられたように思います。またその年の一一月にオイリュトメウムゆかりの方のためにトーテンファイヤー（死者のための慰霊祭）があり、私はそのときはじめてクリンクさんのオイリュトミーを見せていただいたんですね。しかもそれは無音のオイリュトミーでした。だから音楽の伴奏も朗唱もないわけですよね。無音で動かれるんですけれども、**そこに目に見えない存在を聴き、また語りかけていらっしゃるのを感じました**。慰霊祭ですから死者の存在を、あるいは精霊の存在をオイリュトミーを通して聴くといえばよいのか通い合うというのか、そういう物質的な体をもたない存在たちに向かって、耳を傾け、語りかけられている。当時すでに一般公開の舞台は退いておられたクリンクさんが、「何のためにオイリュトミーがあるのか」ということの大切な一面を伝えてくださったような気がします。

田原氏は、オイリュトミー学校で出会ったエルゼ・クリンク氏の舞台を通じて、オイリュトミストが「目に見えない存在」を聴き、語りかけているのを感じたという。こうした「目に見えないもの」の存在を認めることは人智学の理解においては不可欠である。この点に関する西平直氏の主張は重要だ。

〈目に見えるもの〉と〈目には見えないもの〉。その二つの世界を同時に認めること。「物質世界に関する近代自然科学の有効性」を否定することなく、同時に「目には見えない霊的（精神的）な体験の確実性」も認めてゆくこと。それこそ、シュタイナーが生涯求めた課題であり、それに答える仕方で、独自の「霊学（精神科学）」を構築していったことになる。(19)

シュタイナーの教員養成課程において、人智学の諸理論を知識として理解することももちろん重要な課題である。だが、それと同時に、シュタイナー教育で大切にされている「目に見えないもの」との関わりをからだ全体で理解することが重要なのだということを田原氏のエピソードは教えてくれる。(20)

(18)　エルゼ・クリンク氏は、シュタイナーの妻マリー・シュタイナーから直接オイリュトミーを習った世界を代表するオイリュトミスト。ルドルフ・シュタイナー（高橋巖訳）『オイリュトミー芸術』（イザラ書房、一九八一年）で同氏の論考（「オイリュトミーの基本要素について」）を読むことができる。
(19)　西平直『シュタイナー入門』講談社現代新書、一九九九年、五九頁。
(20)　人智学における「超感覚的世界」について、西平直は次のように述べる。「「超感覚的」と言わずに、「目には見えないもの」と言い換えてみれば、シュタイナーは、「大切なものは目に見えない」と語り続けていたことになる。そして、その思想を生きる人たちは、ごく普通の近代人から見れば、「いつも目に見えないものに触れているように」見えることになる。しかし、理性から離れてしまうのではない。合理的な修練を通して獲得された「超感覚的認識」によって支えられている。理性を否定するのではなく、日常の理性を超えている」（西平直『魂のライフサイクル――ユング・ウィルバー・シュタイナー［増補新版］』東京大学出版会、二〇一〇年、二二八頁）。

7　偶然の出会いに身を委ねる

教員へのインタビューのなかで強く感じることがある。それは、（前章の来歴紹介時にも示したことであるが）修行時代においても、偶然の出会いが大切にされている点である。このことは前節でみた「目に見えない存在」を大切にするというありようとも通じているように思われる。目には見えない力に導かれ、その過程での出会いを必然的なものとしてゆく。最短距離で効率よく知識やスキルを獲得しようとするのとは正反対の姿勢である。「○日で○○という資格が取れる！」といった発想とは相容れず、寄り道のなかで得られるものに価値を見出しているのである。安藤しおり氏（京田辺シュタイナー学校）のケースをみてみよう。

二三歳になったばかりの頃、イギリスに渡り、ファウンデーションコース、基礎課程を一年間履修しました。その後、教員養成課程を二年間受講しました。三年目のカリキュラムはかなりゆとりがあり、二学期間は何をしていてもよくて、三学期目に論文を提出して、それが通ったらＯＫみたいな感じだったんですね。だから三年目は、お金持ちの学生は世界を豪遊していました。芸術コースに入る学生もいました。私はそれほどリッチではなかったので、ブライトンにあるシュタイナー学校で一年生の授業のアシスタントをしながら、オーペア（au pair　ホームステイをして子どもの保育や家事をするかわりに滞在先の家族から報酬を受け取って生活する制度）を体験しました。

その家には双子の一年生と七年生（中学一年生）のお兄ちゃんがいて、両親ともに弁護士でとても忙しい。その家庭に住み込みながら、子どもたちのお世話をして、双子と一緒に学校に行き、帰ってきて夕方まで遊んでご飯を作るという生活をしていました。

一年生の担任はとてもすばらしい先生だったので、「アシスタントは要らないんじゃないか」と思うようになりました。なので、途中からはアシスタントではなくて、いろいろなクラスを見学させてもらい、いろんなクラスのお手伝いをしました。

そうこうしているうちに、オーペアじゃなくて、ただそのお宅に住ませてもらい、楽しく一緒に暮らしました。

そして、三学期に論文を提出しました。論文のテーマは「メインレッスン（エポック授業）におけるリズムと呼吸」。

エマソンカレッジにいるときに何回か実習があったのですが、そのうちの一つはブリストルという、西側の町で行いました。ルネ・ケリードーさんの娘のアンジェラ・ケリードーさんがブリストルの学校で当時クラス担任だったんです。たまたま彼女のクラスで実習をすることができ、彼女のおうちに住みながら実習を行いました。それもすごく学ぶことが多くて楽しかったです。

ただ、ブリストルでの教育実習は、毎日楽しいんですけど、週の終わり、金曜日になると、もう絞り切ったスポンジみたいになっているんですね（苦笑）。生命力がピンチの状態で、シワシワになっていました（笑）。そんな状態になっていたのですが、ある週の土曜日にたまたま音楽のワークショップに参加したんです。そのワークショップに参加したら生命力がうわーと蘇ってくる感じがしました。

そこで出会った方の師匠が音楽のコースをちょうど開始されるタイミングだったので、そのコースを受けるためにあと二年間イギリスに住むことにしました。

エマソンカレッジの近くにあるナタリーホール（キャンプヒル連盟には属していないが、実質的にはキャンプヒルに似たコミュニティ）[21]で二年間働くことになりました。ハーブガーデンを造ったり、ライアーやチェロの古楽器などを作ったりして過ごしました。二年間、音楽教育について学び、結局イギリスに合計五年間留学したのち、帰国しました。

安藤氏だけでなく、シュタイナー学校の教師たちと話をしていると、「偶然」「たまたま」「思いがけず」といったフレーズが頻出する。偶然の出会いに身を委ねることで、新たな道が開かれるというエピソードのオンパレードである。おそらく、**流れに身を委ねる姿勢**が、シュタイナー教育の実践に臨む際にとても重要になるのだろう。これは決して「主体性がなくその場の雰囲気に流される」ことを意味しない。自らの信念に基づく軸を大切にしつつも、大きな流れに身を委ねる。その都度の偶然の出会いを必然的なものにしてゆく彼・彼女たちのセンスには驚かされる。前章でも示したことであるが、繰り返し強調しておこう。エポック授業は筋書きのないドラマであるが、それを担う教師たちが、そもそも人生というドラマにおいて、大きな流れに身を任せているという点はじつに興味深い。

8　メンター制度について

教員養成課程を終えたのち、すぐに教壇に立てる力が身についているかというと、事態はそれほど簡単ではない。筆者も二年間、シュタイナー学校の教員養成プログラムを受講し、課程を修了しているが、それだけですぐにシュタイナー学校の現場で即戦力として働くことができるかといえば、答えは否である。

とはいえ、これはシュタイナー学校に限らず、一般的な学校についても同様であろう。大学の教員養成課程で単位を取得しただけでは、教師になるうえで必要な力を十分に身につけることができず、そこには限界がある。

この点に関するブランスフォードの指摘は重要だ。「たとえどんなに優れた教員養成プログラムを大学で用意したとしても、そこを卒業した新米教師たちは、たちまちたいへんな困難に直面することになる。彼らは指導教官の指導助言を受けながら行った、ほんのわずかな授業の経験だけを携えて大学で講義を受けるだけの立場から自分が教える立場へと移行する[22]」。

「講義を受けるだけの立場」から「自分が教える立場」への転換。これはコペルニクス的転回ともいえる劇的な変化である。

とりわけ、教科書のないシュタイナー学校では、授業をゼロから生み出すことが求められるため、一般的な学校に比べて、初任者に課せられるハードルは高い。各学年で扱うべきテーマは決まっているものの、進め方などについては各教員に自由が与えられており、指導書が存在するわけでもない。

ではどのような仕組みが採用されているのだろうか。シュタイナー学校の教員になって初年度はメンター制度が採用されている。例えば、京田辺シュタイナー学校では八年生までの担任を終えた教員が少なくとも翌年一年間は新任教員の指導・サポートを行うことになっており、その後も相談し合えるバディー制度を設けている。過去の実践の蓄積を参照しながら、ベテラン教員の指導のもと、日々の準備を行うことができるのである。大友綾氏（福岡シュタイナー学園）の経験談に耳を傾けてみよう。

一年生の担任になってすぐの最初の一学期間は、福岡シュタイナー学園の山本真由美先生がメンターとし

---

(21) ライアーは一九二六年に誕生した弦楽器。その音色は柔らかくやさしい。映画『千と千尋の神隠し』の主題歌「いつも何度でも」で使用され、日本でも広く知られることとなった。

(22) 米国学術研究推進会議編（森敏昭・秋田喜代美訳）『授業を変える――認知心理学のさらなる挑戦』北大路書房、二〇〇二年、二一一頁。

て私を導いてくださいました。偶然その年は山本真由美先生がクラス担任を一巡終えられた次の年（サバティカルの年）だったんですね。それで、最初の一学期間は丸々、私のエポック授業に一緒に入ってくださいました。毎日、山本先生と授業の振り返りをいたしまして、本当に細かく、私の所作、お話の語り方、立ち位置、黒板絵の描き方、子どもたちとの関わり方などを見ていただきました。それが本当にありがたかったです。

山本先生はご自身がなさった全学年の授業のエポックノート(23)を保管していらっしゃるだけでなく、毎日のメモを残されているんですね。それらの資料を山本先生が全部貸してくださいました。だから、授業の軸になるものは山本先生からご提示いただいたんです。

シュタイナー学校が日本で創設された当初とは異なり、現在は豊かな実践が数多く蓄積されている。ドイツで誕生したシュタイナー教育を日本文化の中で実践してゆく過程では相当の苦労があっただろう(24)。だが、これからシュタイナー学校の教師を目指す者は、先人たちが築き上げた事例を手がかりに、実践に臨むことができる。道なき道を歩むのではなく、先人が切り拓いたあとの道を歩んでゆくことになる。メンター教師のサポートにより、新任教師は教壇に立ちながら、シュタイナー学校における具体的な教育方法や考え方を実践的に学ぶことができるのだ。

また、メンター教師(25)からの直接的なサポートに限らず、日本におけるシュタイナー教育の実践の記録は書籍でも紹介されており、各学校が発行している冊子(26)などからヒントを得ることが可能だ。日本に最初のシュタイナー学校が設立されてから三十数年。新たにこの学校の教師になる者に指針を与える数々の実践が積み上げられている。

さて、他のケースもみてみよう。京田辺シュタイナー学校においては、新任教師へのサポートが手厚い。新任教師のメンター役を務める中村真理子氏（京田辺シュタイナー学校）は実情を次のように語っている。

三年目ぐらいまでは結構手厚くサポートしますね。けれども、三年目でサポートが終了するわけではなく、八年目まで、その学年のことは一年目なので、授業のこととか、こんなやり方もあるよとか、相談に乗ります。特に一年目から三年目ぐらいまで（クラスが落ち着くまで）は、少なくとも週に一回は、新任の先生の授業のお手伝いに入って、ちょっと大変そうな子どもがいたら、その子どものことをあとで一緒に話すこともあります。それから、本当にちょっとした声かけのタイミングとか、ゲームのコツとか、授業を始めるときのコツとか、教員養成課程だけでは伝えられないことを日々、お伝えしていますね。

---

(23) シュタイナー学校では、エポックノート（エポック授業で使用されるノート）が教科書代わりとなる。エポックノートには、教師が黒板に描いた絵や文字が子どもたちの手によってそのまま模写される。与えられた教科書があるのではなく、子どもたち自身が授業中、自らの手で教科書を作ってゆく。エポックノートの大きさは学年や各学校によっても異なるが、紙質は厚めで、各ページの間には薄紙が閉じこまれている。ノートを書く際には、色鉛筆やクレヨンを使用することが多いため、ノートを閉じたときに反対側の頁に色が移ってしまわないためにそのような作りになっている。

(24) 日本のシュタイナー教育の黎明期については、例えば、子安美知子・井上百子編『日本のシュタイナー学校が始まった日』（精巧堂出版、二〇一七年）を通じて知ることができる。

(25) 学校法人シュタイナー学園編『シュタイナー学園のエポック授業――12年間の学びの成り立ち』（せせらぎ出版、二〇一二年）。NPO法人京田辺シュタイナー学校編『親と先生でつくる学校――京田辺シュタイナー学校　12年間の学び』（せせらぎ出版、二〇一五年）などを参照。

(26) 例えば、NPO法人横浜シュタイナー学園発行「野ばら」。田幡秀之『ルポ　シュタイナー学校の1年――学びを選ぶ　学びをつくる』（二〇一三年）、田幡秀之『続ルポ　シュタイナー学校の1年――自由への曳航』（二〇一八年）などを参照。

ベテラン教員のサポートにより、担任一巡目（一年生から八年生までの一サイクル）の教員には熟達教師から教育実践におけるコツが伝承される。一般的な学校の場合、教師がすべての学年を担当する（一巡する）までに、中学や高校ならば最低でも三年間、小学校の場合は六年間ということになるが、シュタイナー学校の場合は八年間と非常に長い。中村氏も述べているとおり、担任としてのキャリアが八年目までの教師は「その学年のことは一年目（はじめて）」であるため、先輩教員からのアドバイスが必要になるのである。

9　伝承とオリジナリティ

ところで、新任教員といえども、メンターからの提案通りに授業を組み立てているわけではない。たとえ、先輩教員が練り上げた、完成度の高い授業モデルを引き継いだとしても、授業がうまくいくという保証はないのだ。既存の授業プランを丸ごとコピーするだけでは、不十分なのである。ここに生きた子どもを相手にしているがゆえの難しさがある。山下亜弓氏（東京賢治シュタイナー学校）の言葉に耳を傾けてみよう。

私の場合は授業を教室の後ろで見学させていただいた実習生時代に、自分の中で「こうやってみたいな」という思いが湧き起こってきて、ひそかにお話の世界をつくっていました。

もちろん最初から自分ですべてを構成できないので、特にリズムの時間に関しては、「こういう動きを大事にした方がいいよ」、「こういう曲を使ってみたら」と先生たちにいろんなことを教えていただき、やり方を受け継いでいきました。はじめのうちは、なかなか自分では動きが思いつかないので、先生たちから受け継いだ動きを自分の中で練習して、「自分だったらこっちのほうがやりやすいかな」と微調整を行っていました。

受け継いだものをそのまま実践するというよりは、自分の中に一回落とし込んで実践していましたね。もちろん、はじめのうちは受け継いだものをそのままやってみたこともあったのですが、そういう場合はだいたいうまくいかなかったです。自分の中に落とし込めていない内容は、実践してみても中途半端なものになってしまうんです。

やはり最終的には自分で考えたもののほうが生き生きと話せるんですよね。自分でもやっていて楽しいし、受け継いだものをそのままやろうとすると、やはり頭で考えてしまうので生き生きとは実践できず、子どもにもそれが伝わってしまうんです。自分で生み出した教材やイメージをたっぷりと膨らませたお話は、子どもたちへの伝わり方が全然違いますね。

日々、「自分だったらこういう絵にしたいな」とか、「表現を自分の言葉に変えたいな」とか、丸ごと一から授業をつくり上げるのはもちろん難しいですが、ちょっとずつでも自分のアイディアを付け加えながら今は実践しています。

教育は、刻一刻と成長する生きた子どもを相手にする営みである。その子どもと、同じく日々成長・変化している教師が対峙する。もちろん、先輩教員から受け継いだアイディアは貴重だが、それを自分のうちに落とし込むことなくそのまま実践してもうまくいかないのである。やはり、最後は「自分がこうしたい」という思いが重要になるのだ。(27)

とはいえ、経験のない状態でオリジナリティを打ち出すのはじつに難しい。自らのアイディアがシュタイナー教育の理念に合致しているのか。たとえ、自分にとってやりやすい方法だったとしても、それがシュタイナー教育のやり方として望ましいかどうかは立ち止まって考える必要がある。この点について山下亜弓氏（東京賢治シュタイナー学校）は続けて次のように語っている。

自分で作り上げた授業がシュタイナー教育的に合っているのか、わからなくなったら先生たちに相談しました。私、どなたにでもいつでも質問しに行くタイプなので（笑）。「今こんな状態で明日の授業をどうしようかと悩んでいます」「次こんなことを考えているんですけれど、どうですか」と質問しています。

ここでも重要なのは、先輩教員とのコミュニケーションということになる。一人で抱え込まず、わからないことは聞きにゆく姿勢が求められるのである。シュタイナー学園の白田拓子氏も強調しているのだが、シュタイナー学校の教員は「指示待ちの姿勢」は避けるべきである。貪欲な姿勢が求められるのである。

この点については次章で詳しくみてゆくが、シュタイナー学校では、同僚性に支えられた教員コミュニティが重要な役割を担う。

10　終わりなき探究

シュタイナー教育の教員養成課程を終えても、それで修行そのものが終わるわけではない。教壇に立って以降も、探究の旅は続く。本章を締めくくるにあたり、米永宏史氏（北海道シュタイナー学園）の言葉に耳を傾けてみよう。

私は体を動かすことが好きで、小学校から大学までずっとスポーツをやってきました。シュタイナー学校で「体育の先生をやらないか？」と声をかけていただき、そこから私の体育教師人生がスタートしたんです。けれども、シュタイナー学校で「体育」を教えるってどういうことだろうと疑問が湧いてくるわけですよ。大村祐子さんは、ボートマ体操(28)についてももちろん知っていたし、彼女は顔が広くて、いろんな人と知り合いなので、「○○先生のところに学びに行ったらいいじゃない」と紹介してくれるんです。本当に学びたいなという意欲があったので、世界中の方々のもとで学びましたね。

日本でも神田誠一郎さんがドイツでボートマ体操を学んできたんですよね。時間があるときに北海道から横浜へ神田さんのところに学びに行きました。ボートマ体操をはじめ、シュタイナー学校における体育教育について教えていただきました。

また、イギリスのエマソンカレッジで学び、ボートマ体操の基礎になった空間ダイナミクス（空間をより生き生きと感じるためのエクササイズ）を習得された女性が日本で一年間のコースを開講するというので、月に一回、東京に通って学びました。

あとは、オーストラリアにも行きましたし、ハワイにすばらしい先生がいると聞きつけたので、その人のもとで二、三週間学んだこともあります。

「ああ、こういう考えで体育の授業をしたらいいんだな」と、アイデアをたくさんいただきました。一応

(27)　若林伸吉氏（京田辺シュタイナー学校）も同様のことを述べている。「何だかんだ言って（先輩たちが作った）資料よりも、自分で調べたことのほうが大きいんじゃないかと感じます。授業を行う際に、感情と結びついたワクワクが自分の中心にないと、子どもたちに対して伝わる授業にはならないと思います」。

(28)　ドイツのシュタイナー学校の体育教員・ボートマ氏が考案した体操。

はシュタイナー学校における体育教育のカリキュラムはあるのですが、それほど細かくは書かれておらず、ポイントしか書かれていないんですよね。だから、どういうことが各発達段階の子どもたちにふさわしいかということを自分で考える必要があります。日々創造してゆくことが求められるのです。

教師になって以降も、探究の旅は続く。それは終わりなき旅路である。その際に、先人からいろいろなアイディアをもらい、学びを深めてゆくものの、最終的には自分自身のありようが問われる。生きた子どもとのやりとりにおいて、人からの受け売りで実践をしているだけでは不十分なのだ。目の前のこの子どもに対して何が必要かを教師自身がその都度、見抜いてゆかねばならない。

シュタイナー教育においては、あらかじめ人智学に基づく確固たるメソッドが示されていて、それを善きものとして教員が信奉し、ひたすら忠実にその方法に従う（正しい方法はただ一つ）のではなく、シュタイナー教育の理念が個々の教員の働きかけを通じて多様な形で具現化し、個々の実践のうちに結実している。そして、結果的にその細部に至るまでシュタイナーの思想が生きた形で行き渡っていることになる。

シュタイナーの教育理念は、「こうであらねばならない」という静止した戒律ではない。個々の実践のなかで子どもたちのうちにアクティブに作用する**生きた理念**なのである。ゆえに、シュタイナー教育の理念は教師たちを縛る鎖ではなく、教師たちに「芯」を与える確かな拠り所なのである。かくして、シュタイナー学校の教師たちは、日々の実践を通じて、アントロポゾフィーを「高次の本能」として血肉化してゆく。

第3章　シュタイナー学校の教師に求められること

約一〇〇分間のエポック授業、美しい黒板絵、フォルメンやオイリュトミーをはじめとした独自の科目、学年ごとに異なる教室の色……。[1] シュタイナー教育は実践の隅々にまで芸術が宿り、人智学に基づく体系的なカリキュラムが構築されている。

だが、どれほどカリキュラムが工夫されていたとしても、教師たちにそれを担うだけの力量が備わっていなければ、そのカリキュラムは画餅に帰すことになる。教育学者の西平直が述べているとおり、シュタイナー学校において教師の役割は極めて大きく、「すべて、教師の人間的な力量にかかっているといっても過言ではない[2]」。

では、シュタイナー学校の教師には何が求められるのであろうか。この問いに向き合うことが本章の課題となる。

1　シュタイナー思想を信じる必要があるか——開かれた態度を保つ

シュタイナー思想（人智学）の妥当性は（少なくとも現代においては）科学的に証明できるものではない。例えば、人智学では人間の魂の転生（生まれ変わり）を前提として議論が展開される。[3] 上松佑二氏が指摘するとおり、「輪廻転生論こそ精神科学とも呼ばれるアントロポゾフィーの中心思想であり、彼の宇宙論や人間論、ワルドルフ教育論〔後述〕、医学論にとって中心的な背景であり、この点を避けて通ることはできない[4]」。シュタイナー自身は次のように述べている。

今日教育に携わろうとする人は、人間と宇宙との関係を認識するところから教育を始めなければなりません。すなわち、私たちの眼の前にいる子どもたちは、教育を一つの感情と結びつけて行なわなければなりません。

出生以前または受胎以前に、超地上的、超感覚的な世界の中で行なわれてきた事柄の継続なのだ、という感情です。……この感情が私たちの内部に深く浸透する時にのみ、私たちは本当に正しく教育することができるのです。(5)

教育に携わろうとする者にとって、子どもたちは、「出生以前または受胎以前」をも視野に入れなければならないのだとシュタイナーは強調する。彼の思想において重要なのは、死後のライフサイクルと、地上のライフサイクルが照応関係にあるという点である。(6)人の一生は、地上のライフサイクルだけでは完結しない。なぜならば、

(1)　シュタイナー学校では、学校建築にも工夫が施されており、シュタイナーの色彩論に基づき、学年ごとに教室の色が異なっている。例えば一年生の教室では、天井や壁が子どもたちを包み込むイメージの色＝薄いピンク色で彩られている。また、色だけでなく子どもたちの発達に合わせて教室の形も変化してゆく。例えば一年生の教室は、中心に向かうように椅子が並んでおり、円形に近い形がイメージされている。教室環境そのものが子どもたちの学びを支えているのだ。シュタイナー学校の教室の様子については口絵参照。

(2)　西平直『シュタイナー入門』講談社現代新書、一九九九年、四八頁。

(3)　この点についてシュタイナー自身の言葉に耳を傾けてみよう。「教育者にとって、どの子も、解くべき謎です。このように成長する子どもを眺めて、「地上生活のなかに入ってきたのは、精神的な生活の続きだ。地上の人体のなかに受肉した、この精神存在が欲することを正しく導くのが私たちの責任だ」と思います。そうすると、神聖さという感情に到ります。この感情なしに教育・授業はできません。成長する子どもに向い合って、その謎を解こうという感情を持たないと、教育はできません。精神的な生活の継続という課題が、物質界で経過する人生に与えられます」（ルドルフ・シュタイナー（西川隆範訳）『精神科学による教育の刷新――シュタイナー教育基礎講座Ⅲ』アルテ、二〇〇五年、四七―四八頁）。

(4)　上松佑二『光の思想家ルドルフ・シュタイナー』国書刊行会、二〇一二年、二〇〇頁、〔　〕内引用者補足。

(5)　ルドルフ・シュタイナー（高橋巖訳）『教育芸術Ⅰ　方法論と教授法――ルドルフ・シュタイナー教育講座Ⅱ』筑摩書房、一九八九年、三五頁。

(6)　今井重孝「シュタイナーのライフサイクル論――死後の生活も射程に入れて」武川正吾・西平直編『死生学３　ライフサイクルと死』東京大学出版会、二〇〇八年、二二九頁。

「一回の人生だけでは人間はとても理想の人間にまで成長することができない」[7]からである。「天上のライフサイクルを経て転生することにより長い時間をかけて徐々に理想の人間に近づいていくことができる」[8]と考えられているのだ。シュタイナーは人間のライフサイクルの全体を視野に入れており、「子どもを誕生以前からの継続性の中で見ないと、その本質にとどかない。人生を、死後との連続の中で見ないと、その本質が見えてこない」[9]というのである。

このような考え方をめぐってははエビデンスを示すことができないため、「正しい／正しくない」を議論しうる問題ではなく、「信じる／信じない」「信じる／信じない」の次元の問題となる。

では、シュタイナー学校の教師になる者には、必要条件としてそうした内容を信じることが求められるのだろうか。この点に関する増渕智氏（シュタイナー学園）の主張は重要だ。

信じるか、信じないかということは一旦置いておいて、そういう見方があるんだな、もしそうした考え方を前提としたら、子どもたちの育ち・学びというものをどう捉え直すことができるんだろうかと見つめ直す**「開かれたものの見方・考え方・捉え方」**が必要だと思います。

仮に生まれ変わりを前提として人生を捉えた場合、どのような教育像が立ち現れてくるのか。子どもと関わる際の新しい視点が得られるのではないか。「そんなことはありえない」と即座に否定するのではなく、まずは耳を傾けてみる。シュタイナー学校の教師には、開かれたものの見方・考え方・捉え方が求められるというのである。

同様の点について、安藤しおり氏（京田辺シュタイナー学校）は、人智学と関わってゆくうえで「おおらかな態度」が必要であると述べる。

シュタイナーの考え方を根強く疑っていても駄目なんですよ。**客観性と疑いって、ちょっと違っていて。**盲信ではなく、**オープンな確信**みたいな感じですかね。「シュタイナーが◯◯と言っているから信じねば！」みたいな感じではなくて、そんなこともあるかなと、**おおらかにキープできて、**人生経験を通じて、「やっぱりそうなのかもしれない」と思うことができるときが来るのを待つ。そんなこともあるかなっていうのを、冷たくではなく、あたたかくおおらかに持っているぐらいがちょうどいい気がします。

安藤氏は、シュタイナー思想と関わってゆくうえで、オープンな態度が必要であること、「やっぱりそうなのかもしれない」と思うことができる日が来るのをおおらかに待つことの重要性を指摘している。それは安藤氏の言葉にもあるとおり、シュタイナーの思想を盲信・狂信する態度とは決定的に異なる。そもそも、シュタイナーは自身の思想への狂信を強く戒めた[10]。彼自身の言葉に耳を傾けてみよう。

（7）同、二三〇頁。
（8）同。
（9）西平直『ライフサイクルの哲学』東京大学出版会、二〇一九年、一四三頁。
（10）この点についてシュタイナーは次のように述べる。「人間の生、特に教育および授業におきましてもっとも害をなすものが、この「狂信」なのであります。これは人間がある特定の方向へ迷いこみ、特定の標語をもって言い表した自分の一面的な進路以外のものは認めず、それのみを遂行しようとすることを意味します」（ルドルフ・シュタイナー（新田義之訳）『オックスフォード教育講座――教育の根底を支える精神的心意的な諸力』イザラ書房、二〇〇一年、二八五頁）。

ヴァルドルフ〔ワルドルフ〕教師がなさねばならないことと申しますのは、「いかなる狂信からも自由であるということであり、ただ成長しつつある人間、すなわち子どもという現実の身を相手にしている」ということなのであります。(11)

ワルドルフ教師＝シュタイナー学校の教師になるうえで、必ずしもシュタイナー思想を全面的に信ずる必要はないのである。(12)それどころか、自分自身の頭で考えることが強く求められている。この点に関して、木村義人氏（シュタイナー学園）の指摘は重要だ。

シュタイナー学校の教師に求められることで、人が与えてくれたものに満足したり、それが真実だというふうに鵜呑みにしたりするのではなく、自分で考え、自分で消化していかなければならないと思うんですよね。シュタイナーが言っていることは、すぐにはよく理解できないこともいっぱいあると思うのですが、それをシュタイナーが言っていたからといって鵜呑みにするのではなくて、自分なりに疑問を感じて本当にそうなのかと考えながらやっていかないと、本当の意味でのシュタイナー教育にはならないのではないかと思います。

同様の点に関する帖佐美緒氏（シュタイナー学園）の主張も示唆に富んでいる。

シュタイナー教育を勉強していると、「この年齢の子どもたちはこういうものだ」「こうあるべきである」「これが課題だ」とか、結構はっきりと言われていますよね。でも、実際に子どもたちと接していると、シュタイナー教育の理論に当てはまらないことにも遭遇するんですよね。そこをきちんと裸眼で観察することが大事だと思います。先入観なく子どもたちのことを観察することが必要になると思います。シュタイナーは一〇〇年以上前の時代を生きた人なので、その時代にはいまのようにデジタルメディアはないですし、アスファルトだらけではないですし、環境が全然違います。ドイツと日本では言語も文化も家族のあり方も、日々の過ごし方も違います。シュタイナーの言っていることをただ鵜呑みにしてしまうと大きく間違えることもありうるのではないでしょうか。だから、シュタイナーの著作に書いてあるからといって、子どもに対して、枠を当てはめてみないことがとても重要です。

オープンさ、受容的態度、対象を冷静に捉える視点、そして「批判的思考」を同時に内在させることが必要になる。これは極めて高度な姿勢であるように思われる。人から与えられたものを鵜呑みにするのではなく、自分の中に生じた疑問を大切にする。

とはいえ、人智学の考え方について、まったくもって受け入れられない場合は、シュタイナー学校の教師になることは難しい。人生において大事にしている事柄の方向性がシュタイナー思想と親和的であることは求められるのである。木村義人氏は先の言葉に続けて次のように述べる。

(11)　同、二八七頁、〔　〕内引用者補足。

(12)　中村真理子氏（京田辺シュタイナー学校）は、シュタイナー学校の教員に求められる開かれた姿勢について、次のように述べる。「シュタイナー教育だけに閉じ籠もらないということも重要です。いろんな教育方法の中にいろんなよいものは含まれていて、私たちと違うやり方だとしても、学べることはたくさんあります」。

世界を見るときに、マテリアリズム的・合理的なものの考え方だけをしていると、多分シュタイナー教育だといき詰まっちゃうかなという気がします。人間が持っている精神性みたいなものをきちんと自分の考え方の基盤に持っていないと、シュタイナー学校の教師になるのは苦しいかなという気がします。

シュタイナー学校の教師には、シュタイナーの提示する人間観・世界観と目指している方向は同一であることが求められる。教師自身の価値観と人智学が大切にしている価値観があまりにも違いすぎる場合は、やはりシュタイナー学校の教師になることは難しい。

シュタイナーの教育理論は難解であるが、根気強く向き合い、実践を積み重ねてゆくと、徐々にその理論が腑に落ちる場面に遭遇する。木村義人氏（シュタイナー学園）の言葉を引用しよう。

実践してゆくなかで、シュタイナーの言っていることは正しいのかもと思えるようになるケースが多いんですよ。最初のうちはなかなか腑に落ちなかったとしてもやっていくなかで腑に落ちていくという。そもそも師弟関係って、そういう側面があると思います。**最初のうちははっきりと理解できなくてもそれに従うなかで徐々に納得できることもある**のではないかと思います。

すぐには理解できなかったとしても、地道に実践を積み重ねてゆけば、徐々にわかってくることがあるはずだとおおらかな構えを保持する。オープンな姿勢を保っていると、次第に納得できる事柄が増えてくるというのだ。木村氏はここに「師弟関係」のありようを見ている。師（シュタイナー）が述べていることを、弟子がはじめからすべて理解できるわけではない。弟子は経験を積むなかで徐々に師が伝えようとしていることが納得できるようになるのである。シュタイナー学校の教師には、不可解なものに対して、それを抱え続ける力が求められるのである。理解できないものに対して、オープンな態度を保つことは精神科医の帚木蓬生が紹介した、イギリスの詩人キーツによる「ネガティブ・ケイパビリティ（Negative Capability）」という概念とも通じ合う。不確実さ・不可解さに満ちたこの世界を生き延びてゆくうえで必要な力として、ネガティブ・ケイパビリティは近年注目を浴びている(13)。

2　シュタイナーの教育理論は実践を読み解くためのヒント

シュタイナーの思想を学ぶことで、実践の意味がすっきりと納得できることがある。公立学校での教員経験がある後藤洋子氏（東京賢治シュタイナー学校）の以下のエピソードは非常に興味深い。後藤氏はシュタイナー教育と出会ったことにより、公立学校の教員時代に体験したことの意味が明らかになったという。

公立学校にいるときに、何回か不思議な体験をしているんです。小学校低学年のクラスを受け持っていたときに印象的な出来事がありました。
クラスのある男子児童が裸足でぺたぺた、上履きも履かずに歩き、授業中もしょっちゅう席を離れていました。全然落ち着かない子でした。いつも席に座っていなくて、よく落書きをしていました。ノートを取り

(13)　帚木蓬生『ネガティブ・ケイパビリティ――答えの出ない事態に耐える力』朝日新聞出版社、二〇一七年。

上げ、教員用の机に置いてもすぐに取りにきて、取り返してまた落書きし始めてしまうので、黒板の上の子どもの手の届かないところに乗っけたこともあります。その男の子は家庭的にも結構大変でした。鍵っ子で、いつも鍵を身につけていました。

あるとき、教育委員会の研修のなかで、ロールプレイをやる機会があり、私はその男の子になってみました。その子になりきって、彼と同じように鍵をぺろぺろなめてみたところ、不思議なことに、自分の周りに膜ができてきて自分がシェルターの中に入っているような感じになりました。

ロールプレイ中に、教師役の人たちが声をかけてくれるのですが、「遠くで何か言っているなー」というような感じで。聞こえてはいるのだけれど、自分には声がまったく届かないという状態だというのがすごくわかりました。「ああ、こんな世界にあの子はいるのか」と思い、こんな状況では何を言っても彼には通じないと痛感しました。だから、ロールプレイをしてみて、その男の子が置かれた状況の大変さの度合いは、私が想像していたレベルよりもっと大変だったんだと感じました。

さて、その日は一日研修に参加していたので、男の子とは会っていませんでした。けれども、次の日の朝、クラスに行ってみたら、その子がなんと椅子に座っていたのです。いつもは座っていないのに！　不思議でしたね。私が昨日、ロールプレイを通じて感じ、気がついたことをこの子には話していないのに、教師の気づきがその子のいまの行動に関わっているんだなと、そのときハッと気づかされたんです。

私と彼が夜どこかで会っていて、私の気づきが彼の元に届くというのはシュタイナー教育で大切にされている考え方です。こうした不思議な経験をした私は、シュタイナー教育について学ぶなかで「ああ、そういうことだったんだな」と腑に落ちました。

それと、これは別のエピソードなのですが、シュタイナーの発達論に関しても、子どもが九歳に危機を迎えるということに関して、印象的な経験があります。

私が受け持ったお子さんのなかに、三年生のときに転校してきた子がいました。朝、学校に行きたくないと泣き叫び、お母さんが学校へ連れてくるのですが、お母さんが帰ろうとするとしがみついていました。でも、私はその子をお母さんから引き離して教室へ連れていきました。自分は何をやっているんだろうと思っていました。

シュタイナー教育について学んでみると、この現象についても理解できました。九歳の危機。[14] 三年生という精神的に不安定になる時期に、自分の土台となる家も引っ越しをしてしまったことが大きく影響していたのだと気がつきました。

彼女の状態と「九歳の危機」の理論が一致したというか、腑に落ちました。シュタイナーの教育理論を学んでいくと、「ああ、こういうことかな」ということがいくつかあるので、信じる／信じないではなくて、わかるという感じがあって、納得できるなと感じることがあります。

公立学校での教員時代には謎だった経験が、シュタイナー教育と出会うなかでその意味が明らかになったと後

---

(14)　シュタイナーの発達理論によれば、九歳はその一線を越えると後戻りできない不可逆的なポイントであり、子どもにとって非常に重要な意味を持つと考えられている。九歳は六歳くらいから始まる歯の生えかわりと、一二歳くらいから始まる第二次性徴のちょうど中間に位置し、この時期に子どものうちに自我が芽生えることとなる。九歳の危機を迎えるまでの子どもは世界との一体感を味わっているが、九歳の危機を迎えることで、自分が「個」であるということに気づかされ、世界から切り離されているという感覚が生まれ、孤独感や不安感が襲いかかってくる。

藤氏は述べる。自ら体験した事柄が「九歳の危機」として語られることで、すとんと腑に落ちる。また、シュタイナー教育では、教師が毎晩、心の中で一人ひとりの子どもの姿を思い浮かべ、その日に体験したことを回想することが大切だとされる。これにより、「先生は子ども一人ひとりのはっきりしたイメージを持つことができ、同時にクラスはどういう状態にあるか、何を必要としているかといったクラス全体のイメージをも掴むことができる」[15]。教師には次の日また子どもたちを教室へと迎えるために、まるで瞑想のような、こうした準備を行うことが重要となるのだが、後藤氏はその重要性を公立学校教員時代にすでに体験的に理解していたのである。

いずれにしてもシュタイナー教育で語られる内容は実践経験のない段階においてすぐに意味が理解できる類のものではないということが示唆される。

3　自己教育の重要性――変わり続けてゆくこと

シュタイナー学校の教師になるためには、開かれた態度が必要であると述べたが、これはシュタイナーの求める「自己教育」の考え方に通じる。シュタイナーは「教師には忍耐強い自己教育が必要」[16]だと述べているが、この点について米永宏史氏（北海道シュタイナー学園）は次のように語っている。

シュタイナー学校の先生を長く続けられる先生は、人の話をきちんと聞く人だと思います。人の話をちゃんと聞いて、それを受け入れて、そして自分で変わろうとする、そういうマインドを持っている人が続けられるのだと私は考えています。「自分が、自分が」とエゴが強かったり、プライドが高かったりすると難しいですよね。柔軟さと言い替えてもいいと思います。まさに**自己教育**ですね。たとえ、最初のうちは「自分」が強くて、自分の思いどおりに何でもしてやろうと思っていたとしても、「いやいや、これじゃ自分は駄目なんだ」と気づいて、変わろうと思って、本当に変わっていくことができればいいのかなと思いますね。

　もちろん子どもの前に立つ以上は、大人として立つということが必要ですが、やはり完璧な人間はいないわけで、何か自分もそのなかで変わっていこう、自分の足りないところを補っていこう、成長していこう、自分を教育していこうという、そういう意識を常にどれだけ持っていられるかがすごく大事なポイントだと思うんです。


絶えず、自分自身を顧みて、成長し続けてゆくこと、変わってゆくことが求められているのである。ヴィーヒェルトはこの点について次のように述べる。「子どもたちが成長していくにつれて、教師の生徒への関わり方の基調も必然的に変化します。たとえば、六年生に向き合うときはどうか、そしてその二年前、子どもたちがまだ四年生だったときはどうだったかを考えてみてください。私たちが考えなければならないのは、この変容の能力なのです。クラス担任が七年目、八年目になって「もはや通用しない」としたら、それは教師の「適性」よりも、むしろ変容能力に関わることです(17)」。子どもたちの成長に合わせて教師自身のありようを変えてゆかねばならないのだ。

ただし、それは自己を否定することを意味しない。自己への信頼を根本に据えた自己変容の旅である。この点

(15)　ヘルムート・エラー（鳥山雅代訳）『人間を育てる――シュタイナー学校の先生の仕事』トランスビュー、二〇〇三年、一六九頁。
(16)　ルドルフ・シュタイナー（西川隆範訳）『人間理解からの教育』筑摩書房、二〇一三年、一一三頁。
(17)　クリストフ・ヴィーヒェルト（入間カイ訳）『シュタイナー学校は教師に何を求めるか――授業形成と内面性』水声社、二〇〇七年、七一―七二頁。

について、中村真理子氏（京田辺シュタイナー学校）は次のように語っている。

教師には、**自分を振り返っていくこと**が求められると思います。シュタイナー教育では、自分は何なのかを問うてゆくことが常に大事にされます。自分を客観的に見ることは難しく、自分の課題が見えないのも困るけれども、課題だけに目がいってしまい、自分を否定し続けてしまってもよくないと思うんです。人に対する信頼はもちろん、自分に対する信頼がなく、先生自身がふらふらしてしまっていたら、子どももしんどくなってしまいます。

もちろん、足りないところもあるけれど、自分は自分の持っているものでやっていくしかない。足りないところは人の力も借りながら補い、少しずつ進んでいくんだという気持ちを持っていることが一番大事だと思っています。

あまりにも人の目を気にしながら教育をしていたら、子どもには何も伝わらないので、自分が正しいと思うことを伝えてゆく必要があります。だからこそ同時に、いつも自らのことを振り返っていかなければいけないと思います。

自己への信頼をベースとして、絶えず自己を振り返ってゆく。そうした地道な姿勢が求められるのである。

4　子どもに対して畏敬の念を持つ

さて、先に「輪廻転生論こそアントロポゾフィーの中心思想である」と述べたが、仮に、人の生まれ変わりを前提とすることによって、どのような教育観が立ち上がってくるのであろうか。生まれ変わりを前提とすることは、「子どもたちに対し畏敬の念を持つこと。子どもひとりひとりのうちに、人間の本性を見、運命の働きを見、神的な存在を見ること。つまり、「霊的次元」を含めた人間全体の本性を認識すること」[18]へとつながる。

この点に関する若林伸吉氏（京田辺シュタイナー学校）の指摘は注目に値する。

よくシュタイナーが子どもへの畏敬の重要性について述べていますが、やはりそこが中心なのだと思います。また、子どもへの畏敬と同時に、この世界というか、その世界を成り立たせているものや、人間自体に対する畏敬や愛を中心に据えることが大事だと感じています。

もっとも、「子どもを尊重しましょう」「子どもに敬意を持ちましょう」といった部分だけ切り取れば、そうしたキャッチコピーは巷にあふれており、特に目新しいものとは感じられないかもしれない。けれども、シュタイナー教育で語られる「子どもに対する畏敬の念」はその内実が独特である。ここで紹介した若林氏の述べる畏敬の念は、背景に魂の次元を前提としている。魂の次元を想定することにより、目の前の子どもの奥にいる存在を意識することになる。この点について、後藤洋子氏（東京賢治シュタイナー学校）の発言に耳を傾けてみよう。

この子はなぜこの地上に生まれてきて、いま私の目の前にいるのか。ここからどこに行くのか。そしてどこへ行きたいのかという問いを持つ必要があります。子どもたちそれぞれが自分の使命を持って生まれてきて、

(18)　西平直『シュタイナー入門』講談社現代新書、一九九九年、三〇頁。

自分の道をちゃんと決めて歩いていくことを学びました。ですから、そういう意味では目の前の小さな子というよりも、その子の中にいるもっと別の大きな存在、**魂レベルの存在**と向き合うという意識を持つことが大切です。それを一番感じるのは、朝教室で子どもたちと握手をする瞬間なんです。「○○さん、おはようございます」「後藤先生、おはようございます」と握手をする瞬間、目の前に小さな子どもがいるのですが、目の奥に別の存在というか、いま、目の前にいる子ではない、そういう存在と対面しているという感じがあります。すっと背筋が伸びて、神聖な感じがするんです。向かい合って「おはようございます」と言っているときに、低学年の児童ではない存在と握手している感じがするんですね。

「魂レベルの存在」として子どもを見る。生まれてからの時間だけみれば、確かに教師のほうが子どもよりも年齢が上だが、魂の次元でみた場合は、教師も子どもも対等な存在である。このことはシュタイナー自身も強調していることである。

「私が教育しなければならない子どもたちのなかには、非常にすぐれた人間がいるかもしれない。将来、私よりはるかにすぐれた人間になる生徒がいるに違いない」と。もし私たちが、私たち自身よりはるかにすぐれた者になる素質を持っている人間を、私たち自身と同じ程度の利口さに達するように教育しようと思ったとするならば、私たちによって教育される人間は、その人間が本来達することができるはずであった地点よりも、低いところにとどまるように教育されることになってしまいます。こういうことは、絶対にあってはなりません。正しいあり方は、そういう優秀な素質をもった人間が、後年、教育者自身よりはるかにすぐれた人間になるように教育することであります。すなわち私たちは、自分自身がまったく持っていない素質を子どものなかに発達させるように、教育を行なうことができなければならないのです。これはすなわち、人間の内部には、教育者ないしは教師には絶対に捉えることのできない「何か」が存在している、ということでもあります。これは私たちが、敬虔な尊敬の念をもって対さなければならない「何か」であり、これこそが、教師が自分自身の能力の写しを子どものなかへ自分の側から埋めこんでいこうとさえしなければ、教育という芸術をとおして、おのずから展開していく「何か」なのです(19)。

教師は自分自身の能力の写しを子どもの中へ埋め込もうとしてはならない。教師たちへのインタビューの中で、しばしば「魂」というキーワードが登場するが、この視点を教育実践のうちに持つことができているか否かがこの教育の担い手にとって極めて重要となる。つまり、たまたま今世においては、数十年早く教師がこの世に生を受けているだけであって、魂の生まれ変わりの観点から捉えたとき、その数十年は誤差のようなものである。こうした視点から浮かび上がってくるのが、大人と子どもの対等性である。魂のレベルで捉えたときに、大人と子どもは対等ということになる。

だが、存在として両者は対等だが、教師と子どもは友達のような関係では捉えられていない。シュタイナー教育では、むしろ、教師と子どもの非対称性が強調されている。象徴的なキーワードが教師の「権威」である。シュタイナー学校の教師たちは魅力ある権威として子どもの前に立たねばならない。教師と子どもの関係は魂のレベルでは対等であるが、教師は子どもの魂を導く先達として子どもの前に立っており、その意味で両者は対等

(19)　ルドルフ・シュタイナー（新田義之訳）『オックスフォード教育講座――教育の根底を支える精神的心意的な諸力』イザラ書房、二〇〇一年、九八―九九頁。

ではないのだ。

シュタイナーの発達理論によれば、七歳から一四歳までの期間、子どもたちは信頼できる大人に従う体験が必要と考えられている。担任は、子どもたちにとって必要な、信頼できる大人の存在の役目を担うこととなる。「権威」に関するシュタイナーの主張を引用しよう。


人生の第二期に、自分の教師の自然な**権威**に完全に身を委ねて成長することができなかった人間は、後の人生において道徳的自由を正しく使いこなせるように成長して行くことはできない。このことはすべての教育や授業に通用するが、しかしとりわけ道徳的なものに顕著にあらわれるのである。尊敬する教育者の影響のもとに、子どもは何が良いことで、何が悪いことなのかを感じとって行く。**教育者は世界秩序の代表者**である。育ちつつある人間は、まず大人を通して世界と近づきにならなければならないのである[20]。


第二・七年期（七歳から一四歳）の子どもたちは、抽象的な概念によって、つまり、理屈でものごとの善悪を学ぶのではなく、「この人の考え方を見習いたい！」「世界との関わり方をこの人から吸収したい！」という思いから、世界の仕組みを学んでゆく。

「権威」というと子どもたちを力で押さえつけるイメージを抱く向きも多いであろう。だが、シュタイナー学校の教師の持つ権威とは、子どもたちが自然と従いたくなるような魅力に裏打ちされた権威なのである。子どもたちが教師の魅力に惹きつけられ、自発的に従うのが理想とされる。

権威はあくまでも子どもたちが最終的にそこから離れるための前段階として必要とされる。権威に盲目的に従うことのない人間を育成するには、人生の適切な時期に権威に従うという経験が重要だとシュタイナーは考えていた。シュタイナー学校では、権威から自立するところまでも含めて、カリキュラムの設計がなされているのである。芸道などの世界では「守破離」という言葉が通用しているが、シュタイナー教育では単に師匠の教えを「守る」だけでなく、「破る」過程すらも想定されているといえる。

第二・七年期の終盤で、生徒たちは教師の権威から離れることが課題となるわけだが、そのことは実際のカリキュラムにも表れている。例えば七年生の社会科の授業においては、権威に異を唱え、新しい世界を切り拓いたルネサンス、宗教改革、大航海時代がテーマとして扱われる。

5　長期的展望のもとで子どもの姿を捉える——教師たちの射程

生まれ変わりを前提とした人生観をベースとして子どもたちを見ているのであるから、そのタイムスパンは極めて長い。シュタイナー学校の教師たちと対話をしていると、彼らの射程の長さに驚かされる。子どもたちの問題行動を決して「点」では捉えないのである。一二年間（あるいは九年間[21]）という長期的な子どもたちとの関わりのなかで腰を据えてじっくりと子どもたちと向き合う。帖佐美緒氏（シュタイナー学園）は次のように語る。

子どもたちがどうやって大きくなるか。手がかかる子が、途中から花開いて、いかにして素晴らしい大人に

---

(20) Steiner, R., *Aspekte der Waldorf-Paedagogik: Beitraege zur anthroposophischen Erziehungspraxis*, Kindler Verlag, Müünchen, 1977.=新田義之訳『教育と芸術』人智学出版社、一九八六年、三〇頁、一部改訳。

(21) 日本のシュタイナー学校正会員校のうち、横浜シュタイナー学園は一二年間ではなく、九年間一貫教育のカリキュラムが組まれている。

なっていくのか。「それぞれなんだ」と。いつ花開くかはその子その子によって違う。課題も違う。それを教師たちは長い時間をかけて見守ってゆくわけですが、それは二年や三年ではわかりえないこと。もちろん一二年かけてもわからないことです。もしかしたら一二年間で花開かないかもしれないけれど、三〇歳、四〇歳で花開く人もいるかもしれない。いま、私は担任をやっていますが、全然焦らないんです。難しい子がいても「絶対大丈夫だ」というマインドでいれば良いと思います。

同様の点について、思春期の、いわゆる荒れた子どもたちとの関わりについて、木村義人氏（シュタイナー学園）の次の指摘は重要だ。

例えば思春期の子どもたちは結構荒れたり、バランスを崩したりするんですけど、中学生の時期にそのクラスだけ受け持ったら教師として何をしてよいかわからないと思いますが、小さいうちからの成長の度合いを見ていると、教師側としては、この子はたどり着く一過程でいまちょっとバランスを失っているだけだという信頼が持てるので、そんなに不安になったり、難しさを感じたりしません。むしろクライマックスに向かう前の波瀾万丈。一二年間、子どもたちと一緒だからこそ、持つことができる視点だと思います。

そのような視点で捉えるならば、反抗期の子どもたちへの言動に対する見方も変わってくる。廣田聖子氏（シュタイナー学園）は以下のように述べる。

七年生で乱暴な言葉を使っていても、一、二年生のときのかわいい姿を思い出すと、「こんな乱暴な口を聞くようになって……」と、ついに、やっとあなたにも反抗期が来たんだね！　めでたい！という感じになったりします（笑）。シュタイナー学校の教師になった当初、七年生のクラスに入ったとき、生徒たちの反抗的な態度を目の当たりにして恐ろしいなと感じたこともあったのですが、職員室でその様子を他の教師たちに語ったところ、先生方が大笑いで「いやー、みんなが通る道だよ。健全、健全」と言っていて（笑）。この先生たちすごいなと驚いた記憶があります。

子どもたちのありようを「点」では捉えない。たとえ、子どもたちが荒れていたとしても、その時点での状態に一喜一憂しないのである。それは子どもたちとの関係のみならず、保護者との関わりにおいても同様である。中村真理子氏（京田辺シュタイナー学校）の指摘は重要だ。

一年何とかすれば次のクラスに変われるんだとか、一年何とかすれば、もうこの親と付き合わなくていいんだというのではなくて、何でうまくいかないのか、何で自分はこの人のことを苦手だと思うんだろうと考えてゆくと、実は「自分自身がその人に対してコンプレックスを感じているんだ」とか、自分のことが見えてくるんです。そこを避けずに向き合ってゆくのは大変なのですが、やりがいがあるんです。それを乗り越えたら、大変だった子が、思春期の反抗期を過ぎたあと、「先生、ありがとう」って、すごく優しくなったり、荷物持ってくれたりとかね。

子どもたちや保護者とじっくりと向き合う。そのすべての過程が自己教育に直結する。問題をやり過ごすのではなく、人生の課題として受けとめる姿勢が大切にされているのである。

6　子どもの魂を満足させる授業――授業の生命線を見つける

魂の視点で教育を捉えることにより、授業に臨む際の教師の態度も深く問われることになる。この点に関する安藤しおり氏（京田辺シュタイナー学校）の指摘は興味深い。

子どもが生き生きする授業をすると、クラスがよく回り始め、いろんなことがうまくいくのですが、手を抜いてしまうと、**子どもの魂が満足しない**と思うんです。子どもたちは意識的に授業が退屈だとか思っているわけではないのですが、自分がワクワクできるところまで準備してはじめて、子どもたちにワクワクが伝えられると思います。それがないとうまく子どもたちと二人三脚できないんです。

授業において子どもの「魂」を満足させるという視点、この視点は、シュタイナーの次の言葉とも密接に関わってくる。

教師は子どもに作用するとき、背後から自分を貫いて脈打ち流れる宇宙の秘密を表明する者として、クラスのなかに存在するのです。自分という道具をとおして、世界が子どもに語るようにするのです。そうすると、外的で生半可な知識の俗物ではなく、本当の内的・生命的・組織的な力が授業のなかに存在します。見せかけの熱中ではなく、植物から花が咲くように、教師が自分の内に有する、世界との関係から熱中が花咲きます。(22)

授業の中に、生半可な知識や見せかけの熱中を持ち込んではならない。教師は「自分という道具をとおして、世界が子どもに語る」ように授業に向き合う必要がある。

そのためには、授業準備が非常に大変だ。ヴェーアも述べているとおり、「芸術的なものを大切にしながら、それによって学問的な厳密性が失われないように配慮すること」[23]が重要であり、知識の厳密性を確保しつつ、同時にそれを芸術的に子どもたちに示してゆくという高度な授業準備が求められるのだ。目の前の生きた子どもたちと向き合い、生きた知を伝えるためには相当の準備が必要になる。世界のありようを子どもたちに提示する（背後から自分を貫いて脈打ち流れる宇宙の秘密を表明する）ためには、「自分という道具」そのものも生き生きとしていなければならないからだ。[24] 安藤しおり氏（京田辺シュタイナー学校）の指摘に耳を傾けてみよう。

例えば、上の学年の人が去年これやったよと、資料を見せてくれたりしても、やっぱり自分の中で温まらないとダメなんです。**授業の生命線**を見つけるのがとても大変です。疲れていてメンタルが弱っていたりすると、それが見つけにくくなってしまって、ダウンスパイラルにはまってしまうこともあります。

シュタイナー学校では、教科書がなく、教師たちが自分で授業を組み立てていかなければならないため、授業

---

(22)　ルドルフ・シュタイナー（西川隆範訳）『教育の方法――シュタイナー教育基礎講座Ⅱ』アルテ、二〇〇四年、一〇五頁。
(23)　ゲルハルト・ヴェーア（新田義之・新田貴代訳）『シュタイナー教育入門』人智学出版社、一九八三年、七三頁。
(24)　ヴィーヒェルトによれば、「教師が道を見出すのは、自分自身が授業の素材を愛していて、その素材の世俗性を払いのけ、それを神聖なものにできたときであるといえます。それによって、たとえ扱う素材は変わらなくても、授業はつねに新しくなっていくのです」（クリストフ・ヴィーヒェルト（入間カイ訳）『シュタイナー学校は教師に何を求めるか――授業形成と内面性』水声社、二〇〇七年、一一三三頁）。

の生命線を見つけることは困難なのだ。後藤洋子氏（東京賢治シュタイナー学校）の指摘も重要だ。

シュタイナー学校では、各学年の成長段階に合わせてテーマは決まっているのですが、それぞれのテーマについては、どこから入ってもいいし、何を取り上げてもいいのです。担任に自由な裁量が与えられているので、自由度が高く、しかしその分、責任が大きいわけです。本当に常に自分を新しくしていないと何も生まれてこない。でもそれこそがシュタイナー教育の面白さでもあるなと思っています。

カリキュラムに自由が与えられていることはシュタイナー教育の面白さでもあり、授業の肝を見つけ出すことが教師の大きな役目となる。石尾紀子氏（北海道シュタイナー学園）の次の指摘は示唆に富んでいる。

教科書がないため自分で授業を組み立てることが必要です。子どもの成長に合わせた学びをしていくということがシュタイナー学校の肝だなと思っているので、何年生で何を学ぶか、カリキュラムの骨組みはあるのですが、それをどんなふうに教えるか、自分に落とし込んで子どもたちと向き合ってゆくためには、好奇心がないと難しいかなと思います。

もちろん、授業を組み立てるうえで、例えば『創世記』を教えるんだったらこれを見たらいいよ」とか、「これを教えるんだったらこの本が参考になるよ」とか、人から人へ伝えていきます。一個上の学年の先生に、「どんなことをした?」と聞いたり、子どものノートを折に触れて見せてもらったりしながら受け継いでいくこともありますし、「このときはこんなふうに教えたよ」と新任の先生に必要なときには答えています。

カリキュラムは決まっているけれども、いまのこの子どもたちに合った教え方は何だろうということを、絶えず考える必要があるわけです。こう教えなきゃいけないという絶対的なルールがあるわけではなく、**その都度、子どもたちとのやりとりのなかで生み出されていくものを大切にしています。**

私の場合、同じテーマで授業を行うのが四巡目になっているんですね。けれども、最初の教え方を二巡目、三巡目に行っても、子どもたちに全然伝わらないんです。まずもって自分が面白くない。毎回相手の子どもが違うので、その子どもたちの様子を見ながら「今度はこの視点から始めよう」と日々、試行錯誤しています。**子どもたちから返ってきたものでどんどん授業のありようが変わっていくわけです。**教える前にあらかじめ教師が全部決めてしまっていたら死んだ授業になってしまいます。

子どもたちの様子を見ながら授業を一緒につくり上げていくということを面白いと感じられるかどうか。そのことに対して好奇心が湧いてくるかどうか。面白がれるかどうかが大事かなと思います。

子どもたちのありようを注視しながら、共に授業をつくり上げてゆく。そこに喜びを見出せるか否かが決定的に重要なのだろう。石尾氏が述べていることについては、再度、次章において掘り下げることにしたい。

7　授業の即興性をめぐって――教職的なスキルの必要性

子どもたちから返ってきたものでどんどん授業のありようを変えてゆき、教師は子どもたちの様子を見ながら授業を一緒につくり上げていく姿勢を大切にする必要がある。このことはシュタイナー自身も重視していることである。

A組、B組、C組でおなじことがおこなわれていることは、けっしてありません。おなじことが、まったく異なった方法で教えられています。自由に創造するファンタジーが活動しているのです。規定は存在しません。[25]

たとえ、各学年のテーマが同じでも、クラスに応じて、子どもたちの反応によって授業の展開はまったく異なる。そのため、教師には即興的な対応が求められる。この点について増渕智氏（シュタイナー学園）は次のように述べる。

教師という役を演じると同時に、教室全体を俯瞰する舞台演出家という視点も大事だと思うんですね。授業の演目について、どこから入っていって、最初の出だしはどうしようかとか、終わりはどうしようかという、その演出家的な視点も必要なんです。ところが、あんまり完璧にやり過ぎてしまうと、落とし穴があって。子どもたちの存在を忘れちゃうんですよ。

授業を演劇にたとえるとしても、それはあくまでも子どもたちが参加する舞台であり、子どもたちが主役の演劇なので、いつもその視点を忘れないようにしたいと思っています。授業準備の段階で一つの形は用意しておきますが、「子どもたちがこう来たら、こうしよう」とアレンジする準備もしています。じつは結構難しいことを日々やっているんだなとわれながら思います。つまり、**即興劇**なんです。子どもたちがどう出てくるかによって、教師の対応も変えなきゃいけない劇なのです。台本はあってないようなものですね。

シュタイナー学校の教師に求められるのは、台本のある芝居を演じることではなく、即興劇の演者となることだと増渕氏は述べる。教師と子どもが即興的にストーリーを紡ぎ出してゆくわけだ[26]。

教師の仕事は判断の連続である。言葉かけひとつとってみても、表情、表現、声量、テンポ、タイミングなどを状況に応じて変えてゆく必要がある。ある生徒に対して有効だった働きかけが別の生徒にとっても有効とは限らないし、同じ授業内容でもクラスが違えば授業展開は驚くほど異なる。また、対応の是非がその場ですぐに判定できるものばかりではない。一見うまくいったようにみえる働きかけも、俯瞰的にみたとき、あるいは長期的展望で捉えたとき、適切だったかどうかの判断が分かれるものもある。教師には高度に複合的な判断が求められるのだ。

ここで必要となるのが**教職的なスキル**である。安藤しおり氏（京田辺シュタイナー学校）の次の指摘をめぐっては少し立ち止まって考える必要がある。

---

(25)　ルドルフ・シュタイナー（西川隆範訳）『人間理解からの教育』筑摩書房、二〇一三年、六五頁。

(26)　この点について、井谷信彦はソーヤーの論考を引用しつつ、次のように述べる。「教師の仕事が役者の演技に喩えられるさいには、これまで長らく台本をもちいた芝居のイメージが採用されてきたという。狭い座席に身体を押し込められた観客としての児童生徒のまえで、教壇という舞台にあがり、あらかじめ準備された台本を演じてみせる役者としての教師。たとえ実験や討議のように子どもたち自身による活動の機会が用意されていたとしても、どのような活動がおこなわれどのような結論に至るべきかはすべて最初から計画されている授業。だが、このように教師を台本芝居の役者のようなものとして捉える比喩は、授業を単独の個人としての教師によるパフォーマンスとして捉え、児童生徒を単に知識を注入されるだけの観客のような存在へとおとしめる、かたよった見方を助長することになる。こうした見方にたいしてソーヤーは、教師の仕事と即興演劇の役者の仕事の類似点に目を向ける、新たな視点を提供している。教師と児童生徒の関係も役者と観客の関係として把握されるのではなく、一緒に即興のストーリーを創作していく共演者同士の関係に喩えられる。このとき、教師に期待されているのは、単に教壇のうえから知識を注ぎ込むことではなく、子どもたちの協働にもとづく学びの舞台を共に形成することである」（井谷信彦「教師のタクトと即興演劇の知――機知と機転の臨床教育学序説」矢野智司・西平直編『臨床教育学』協同出版、二〇一七年、一三一頁）。

本当に教職で生きていこうと思った場合は、ある程度教職的なスキルも要るんですね。シュタイナー的な内容を知っていれば、教室が、クラスが運べるわけではなくて、それこそクラスの中で呼吸してもらうには、いったいいつ賑わって、いつまた静けさに戻ってきてもらうのかみたいな、そのさじ加減がとても重要です。子どもが安心して学ぶことができるためには、スキルを持っておくべきだと私は思っています。

海外のシュタイナー学校でも、英語だとwishy washyと呼ぶのですが、ふわーんとした、お花畑のような、地に足がつかない感じで教室が荒れるということもあるんですね。子どもは何を勉強しているかわからないというようなことも時々生じてしまって。そうなると教師も生徒もお互いに不幸かもしれません。教育的な技術を持つことも情熱のうちだと思うんですよね。

子どもたちとの即興的なやりとりを大切にするために、教師として必要なスキルを身につけることが不可欠となる。

シュタイナー教育はしばしば「自由な教育」だと誤解される。詰め込み教育とはおよそ正反対なので、「自由放任の教育」と誤解されることも多い。だが、シュタイナー教育は「自由への教育」なのであって、決して「自由な教育」ではない。「自由への教育」を担う教師たちは子どもたちを導くうえで確かなスキルが求められるのだ。「お花畑のような」スタンスでつとまるものではない。この点は教育学者の西平直の主張と重なる。

子どもたちが自発的に動き出したくなるように、教師の側から、働きかける。最初から子どもの自発性に任せるのではない。子どもたちが自発性を発揮したくなるような機会を設定するのである。私はそれを「仕掛け」と理解する。「仕掛け」という言葉が馴染まないなら「働きかけのアート」である。この教育は芸術である」と語る場合、その「芸術」はこうした意味における「アート（artificial に近い人為的な）」と理解されなければならない。働きかけのアート、しかも、子どもたちが自発性を発揮したくなるような、ということは、然るべき時に、然るべき仕方で、この状況において最も適切な道をそのつど探り当てながら実践されるアート（わざ）なのである。[27]

さて、即興劇の役者として、教師が子どもたちと関わる際には繊細な配慮が必要となる。再び増渕智氏（シュタイナー学園）の言葉に耳を傾けてみよう。

教師が表現するということにおいては、ただしゃべればいい、ただ動けばいいってことじゃなくて、言葉のリズム、その響きを大切にする必要があるんです。言葉を発する教師が本当に言葉の質を捉えて発しているかが重要で、そうしたことが子どもに与える影響は小さくはないはずなんですよね。だから、教師にはちょっとした動作や言葉がけに神経を張り巡らせることが求められると思います。姿勢も気をつける必要がありますо。ちょっとした動きをするときにも、どんな動きをすれば美しいか意識することが求められます。ただし、それには二つのアプローチがあります。一つは、自分で練習して美しい所作を身につけてゆくというアプローチ。もう一つは、子どものことをよく見て、この子どもたち、あるいはこのクラスの子どもたち

(27)　西平直『ライフサイクルの哲学』東京大学出版会、二〇一九年、五六頁。

にとっては、どのような立ち居振る舞いや言葉がけ、テンポが良いのだろうと考えてゆくアプローチがあります。その二つの方向から子どもの前に立つ準備をするのが理想的だと思います。

子どもの前に立つ教師として、事前に準備をするのと同時に、目の前の子どもを大切にする視点を教師たちは持っている必要があるのだ。この点についてはシュタイナー自身も強調している。

この鋭敏な感覚こそ、ヴァルドルフ学校〔シュタイナー学校〕の教師たちにとって、何よりもまず習得されねばならないものでありましたし、またこれから私がお話しなければならない様々な理由から、実際にまたその教師たちが、かなり早く身につけることができたものでもあります。つまり、人間の変化に対してとらわれのない姿勢で臨むことが、それなのであります。ここで多少矛盾した言い方をとりますならば、ヴァルドルフ教師は、場合によっては「明日の姿」を、昨日の姿とはまったく違った目で見る心の準備ができておりきます。これは基本的な意味において、ヴァルドルフ教師のもつ教育上の秘密なのであります。つまり、人間はふつう夜が来ると「明日はまた太陽が昇り、きょうあったのと同じことがまたくり返されるだろう」と考えます。……「ヴァルドルフ教師は、場合によっては、太陽の昇らない日が来るかもしれないということを覚悟していなければならない」と。なぜならばこのように、過去によって先入観を抱かせられることなく人間を観察するときに初めて、私たちは人間本性の生成してくるさまを、本当に理解することができるからです。[28]

目の前の子どもたちを徹底的に観察し、生きた姿を捉える。先入観を持って子どもたちに接するのではなく、日々刻々と変化する子どもたちのありのままの姿を捉えることが不可欠なのである(29)。それは教師が一人で行うことではなく、教師たちの豊かなコミュニティによって支えられている。

8　同僚性に支えられた教師たちの成長

教師たちの鍛錬は、教師一人ひとりが自分の殻に閉じこもって行われるものではない。シュタイナー学校の教師たちの成長は**同僚性**（collegiality）に支えられている(30)。同僚性とは「相互に実践を高め合い専門家としての成長を達成する目的で連帯する同志的関係(31)」を意味する。

紅林伸幸によれば、そうした同僚性には以下の三つの機能が期待される(32)。第一は教育活動の効果的な遂行を支える機能であり、チームとしての教育的関わりが教師の負担軽減に寄与する。第二は力量形成の機能であり、同

(28)　ルドルフ・シュタイナー（新田義之訳）『オックスフォード教育講座――教育の根底を支える精神的心意的な諸力』イザラ書房、二〇〇一年、二六九頁、（　）内引用者補足。

(29)　この点について高橋巖氏は次のように述べる。「シュタイナーが教師の一番基本的な態度として、まず要求したのは、昨日の真実はもはや今日の真実ではない、ということだったのです。昨日、もし生徒にあることを物語って、そして今日また別のクラスで同じことを物語るとしますと、教師は昨日話したことを憶えていて、その記憶のままに今日また話すことになります。ところがその記憶内容は教師の中で死んだものになってしまっています。死んだものを生徒に伝えようとすれば、その生徒は死んだものを受け取るしかない、というのです」（高橋巖『シュタイナー教育入門――現代日本の教育への提言』亜紀書房、二〇二二年、一〇七頁）。

(30)　本節の内容ついては、拙著『シュタイナー学校の道徳教育』（イザラ書房、二〇二一年）第５章の内容と一部重複している。

(31)　佐藤学『教師というアポリア――反省的実践へ』世織書房、一九九七年、四〇五頁。

(32)　紅林伸幸「協働の同僚性としての《チーム》――学校臨床社会学から」広田照幸監修・油布佐和子編『リーディングス日本の教育と社会　第15巻　教師という仕事』日本図書センター、二〇〇九年、二〇〇頁。

僚との関わりのなかで教師が力量を高めるという側面と、良好な同僚性に支えられて教師が積極的に力量形成に取り組むという二側面がある。第三は癒しの機能であり、自らの仕事の意義を評価し、認めてくれる存在がいること、あるいは自分の気持ちを敏感に察してくれる人がいることが教師のバーンアウトの抑制にもつながるとされる。

シュタイナー学校の教師にとって同僚性は不可欠である。ヴィーヒェルトはこの点についてあるたとえをもとに説明している。シュタイナーの存命中、シュタイナー学校の教師たちの輪の中心には常にシュタイナーがいた。教師たちが問いを発し、シュタイナーがそれに答える。教師たちはシュタイナーに教えを乞うことにより、何が適切な教育なのかについての答えを得ることができていた。だが、シュタイナーの死後、状況は変わる。

もはや、シュタイナーがいない状況が生じます。教師たちは自分たちでこれまでの会議をやらなければなりません。「独自の助言」を頼みにするしかないのです。ここでのプロセスはどのようなものでしょうか？イメージでいえば、教師たちの輪があります。教師たちは問いを持っています。たとえば、ある子どもについての問いです。それでは、今、中心には何があるでしょうか？　今、中心には問いがあります。そして、周縁にいる者たちが答えなければならないのです。(33)

シュタイナー亡きあと、「ある子どもについての問い」に答えるのはシュタイナーではなく、教師自身となる。中心に問いがあり、周りにいる教員がその問いをさまざまな角度から吟味する必要性に迫られる。教師たちは問いに対して一人で答えを出すのではない。同僚性に支えられた関係性において、互いの考えを提示し合い、試行錯誤を続けながら一つの問いに向かい合ってゆく。そこにおいてチームとしての関わりが極めて重要となるのである。ゆえにシュタイナー学園の白田拓子氏は「シュタイナー学校の教員の一員になった時点で、一人の自立した個人として扱われるので、自分の意見をはっきりと言えることが大事だ」と強調する。

この点はシュタイナー教育の魅力でもある。田原眞樹子氏（福岡シュタイナー学園）は専科（オイリュトミー担当）教員の立場から重要な指摘をしている。


ほかの教師と本質的な意味でつながることができるのがシュタイナー学校の魅力だと思います。教師同士が共に響き合いながら協働し、保護者の協力もいただきながら、一人ひとりの子どもに向き合ってゆく。オイリュトミーの授業は、四年生までは週に一回ですから、その授業時間内にやれることは限られているんですよね。だから、担任の先生と話し合って、お手玉の扱いなど、毎日練習する必要があることに関しては、担任と相談しながら毎日の活動のなかで実践をお願いしたりする。

そういう積み重ねを担任と一緒にできますし、いろんな困難を抱えた子どもについて、担任だけではなく、教師会で共有していく。一人の子どもについて観察し合ったり、その子のエポックノートを見たり、全員で子どもたちと関わっていきます。だから、専科教員といっても、学校全体に関わっていくっていう気持ちはありますね。

中世の大工さんが、それぞれの土地のレンガを持ち寄って寺院を造ったように、教師陣も一人ひとりが光であったり風だったりいろいろな要素を子どもにもたらして、人間を育ててゆく。だから、専科の教員だか

---

(33)　クリストフ・ヴィーヒェルト（入間カイ訳）『シュタイナー学校は教師に何を求めるか――授業形成と内面性』水声社、二〇〇七年、一三頁。

らといって一部分だけを担えばよいということではないと思うんですよね。オイリュトミーに関しても（福岡シュタイナー学園は、現在は最高学年が九年生なので）[34]、九年生までを見据えたなかでの一年、全体を見たなかでの一年という視点が求められます。全体の教科、教育的な営みの中のオイリュトミーという観点を意識して、子どもに関わるということが必要なのだと思います。

担任と専科の教員が協力し合いながら、子どもたちを支えてゆくのである。一般的な学校と比べたときに、学校運営に際してシュタイナー学校の教師たちのほうが有利な点がある。それは教師たちがある共通の基盤を有しているという点である。言うまでもない。その共通の基盤とは人智学（アントロポゾフィー）である。

通常の学校においては、教師の持っている教育観・子ども観はそれぞれ異なるのが当然である。「放っておいても子どもは育つ」と考える教師もいれば、「子どもには強制が必要だ」と考える教師もいる。教員同士が有している教育観が決定的に異なる場合は、両者の間で対話を成立させるには相当のエネルギーが必要になる。だが、シュタイナー学校の教師たちは人智学という共通の教育観・子ども観をインストールしている。同じ教育観・子ども観を前提としているのだから、教師たちが根本的な価値観を共有したうえで、教育実践に臨むことができる。シュタイナー学園の木村義人氏もこの点を強調する。

例えば教師たちは基本的にはシュタイナー教育というものに賛同して、シュタイナー哲学というものを一番の軸に置いているわけじゃないですか。一般的な学校で何か問題が生じ、教員会議で話し合ったときに、なかなか意見の一致が難しいと思うんですけれども、多少教師同士の意見の食い違いはあったとしても、ベースの思想がみんな一緒なので、お互いに信頼し合って仕事に向き合えるんですよね。そのうえで、一人ひとりの子どもに向き合ってゆけるというのは、大きな喜びなんですよね。お互いが一つになって、子どもたちに向き合ってゆくことができる。あと人間の見方（人間観）にブレがないと思うんですよ。

それゆえ、（繰り返しになるが）教師たちにはシュタイナーの教育理論の方針への親和性が求められるのである。そして、シュタイナー教育では、教師と子どもの間で閉じた関係を結ぶのではなく、ここに保護者も関わってくる。後藤洋子氏（東京賢治シュタイナー学校）の言葉に耳を傾けてみよう。

教師同士がつながって、そして**クラスの保護者ともつながり**、子どもを真ん中に置いて話し合い、互いに信頼を持って子どもに向かい合うことができるのは本当にうれしいことです。結局、自分という存在が私個人だけではなくて、周りの教師や親、そして、大いなる存在、そういうものに対して手を広げてつながっていこうとする姿勢が必要だと思うんですよ。

教師だけでなく、保護者や目に見えない大いなる存在とともに子どもを支えていくことが大切にされているのである。

（34）福岡シュタイナー学園は二〇一二年度から高等部を開設した。

9　教師自身も自由に

シュタイナー教育は自由への教育を掲げており、教師たちは子どもたちを自由へと導くサポートを行うわけだが、その際、教師自身のありようも問われることになる。ほかならぬ教師自身も自由であることが必要だと米永宏史氏（北海道シュタイナー学園）は述べる。

義務感からシュタイナー学校の先生をやらねばと思うのではなく、心から自分がやりたいという気持ちを持って教師になることがとても重要だと思います。先日、私たちのスクールアドバイザーとして関わってくださっているベテランのオーストラリア人の人智学徒の方の研修を受けたときに、その方がおっしゃっていたのもその言葉だったんですね。私は子どもたちが自由へ向けて育っていくことができるよう、日々授業を行っていますが、**自分たち自身も自由になっているのか**ということは見つめ直す必要があると思います。自分たちも自由でないと子どもたちと向き合えないと思うんですよ。シュタイナー学校で自分は本当に心から働きたいし、やらされてやっているわけじゃないんだという考えをしっかりと持っているというのが大事かなと思います。

シュタイナー教育を担う教師にとって、絶えず自分のありようを見つめ直すことが求められる。言っていることとやっていることが不一致を起こしていないかが問われ、自己教育を通じて自由を目指し続けることが必要となるのだ。自由は「一度獲得すればそれで完了」というものではない。日々、刻々と移り変わる人生において、絶えず求め続けるべきものなのである。[35] この意味において、教師もまた子どもたちとともに成長し続けることが不可欠となる。

10　新卒でシュタイナー学校の教師はつとまるのか

以上、本章ではシュタイナー学校の教員に求められることについてみてきたが、ポイントをまとめてゆくと、改めてシュタイナー学校の教員には極めて高度な資質が求められるのだと気づかされる。では、学生時代を終えてすぐの状態、いわゆる「新卒」でシュタイナー学校の教師はつとまるのであろうか。この問いに対するシュタイナー学園の木村義人氏の指摘は示唆に富んでいる。

私は知識を教えるのが教師の仕事だとは思ってないんですよ。人を育てるのが仕事だと思っているので、そのためには社会というものをある程度知っていて、そのなかで人間がどう生きていくべきかということを体験で知ってないと、結局絵に描いた餅を教えるだけの人間になってしまうんじゃないかなと思うんですよね。知識を与えるだけだったら、新卒でもまったく構わないのですが。でも、それよりもっと大事なのは、どんな子どもであろうと偏見を持たずに受け入れて愛せること。それと、もう一つ。我々は社会という型に適応する人間を育てようとしているのではなく、これから新しく起こるであろうさまざまな問題から逃げずに、新しい社会をつくることのできる自由な思考とバイタリティを持った人間を教育しようとしています。その

(35)　シュタイナー思想における「自由」の内実については拙著を参照いただきたい。井藤元『シュタイナー「自由」への遍歴――ゲーテ・シラー・ニーチェとの邂逅』京都大学学術出版会、二〇一二年。

意味では、誰に対しても畏敬の念を持てる人間で、常識を持ちつつ、豊かな発想力とチャレンジ精神を持ってものごとに向かっていける人なら、新卒であろうとベテランであろうと教師として立てると思います。

重要なのは年齢ではない。問われるのは、経験の質である。同様の点について、北海道シュタイナー学園の佐藤邦宏氏も次のように述べる。

確かに一、二年、社会経験を積んでからのほうがよりいいのは確かだと思います。けれども、たとえ新卒でも、すでにもういろいろな経験を積んでいる方もいますよね。高校時代からいろんなところに出入りして、豊かな経験を積んでいる場合、全然、不可能ではないし、新卒でもシュタイナー学校の教師になれる人はなれると思います。

シュタイナー学校の教師になるまでにどれだけ豊かな経験ができているか、それが問われるというのである。さて、学校教員としての経験があることで、かえってシュタイナー学校の教壇に立つ際の難易度が上がってしまう部分もある。この点に関する後藤洋子氏（東京賢治シュタイナー学校）の指摘は重要だ。

公立学校などでのキャリアが長すぎる場合、これまでに自分が受けてきた教育とは異なる教育について一から学びながらつくり上げていかなければならないので、価値観が固まってしまっていると大変です。いままでの経験が邪魔をしてしまうケースもあると思います。だから、そういう意味では若い人のほうが吸収して、いろいろやっていけるという良さもあると思います。

第１章で紹介したとおり、後藤洋子氏や纐纈好子氏（京田辺シュタイナー学校）は公立学校で長年つとめたのちにシュタイナー学校の教員になった。彼女たちは、シュタイナー教育について学ぶなかで、これまでの自己の経験を再構築する柔軟性を有していたからこそ、その移行が可能になったのではないだろうか。シュタイナー学校の教師になるためには、アンラーン（unlearn）が必要となり、新たな価値観や方法を受け入れる柔軟性が求められるのである。本書で登場する教師たちはシュタイナー学校の出身者ではない。「自分が受けてこなかった教育を実践している人たち」であり、時間をかけて新たな価値観を受け入れ、自己の魂の在り方を変容させていった。

つまり、結局のところ、シュタイナー学校の教師になるうえで重要なのは年齢ではなく、その人個人の学びへの姿勢なのであろう。

とはいえ、やはり人生経験がものをいう世界である。若くしてシュタイナー学校の教壇に立っている者は、山下亜弓氏（東京賢治シュタイナー学校）や今泉夏奈氏（愛知シュタイナー学園）のように、まずは「学童」の担当として一定期間シュタイナー学校に関わり、子どもたちの様子や学校の方針を理解してから、正規の教員になるというケースが多い。

第4章　醍醐味と困難

1　教師の仕事の三つの特徴

最終章ではシュタイナー学校の教師の仕事の醍醐味と困難についてみていく。後藤洋子氏（東京賢治シュタイナー学校）はシュタイナー学校の教師の仕事に関し、「大変さとやりがいが紙一重」と述べているが、同氏の言うとおり、両者はコインの裏表の関係にあるといえる。

ここでは、そのことを浮き彫りにさせるべく、教師の仕事の特徴を整理してみたい[1]。整理にあたっては教育学者・佐藤学によって提起された視点を参考にする。佐藤学によれば、教師の仕事は「再帰性（reflexivity）」「不確実性（uncertainty）」「無境界性（borderlessness）」を特徴としているという[2]。のちにみていくとおり、シュタイナー学校の教師の仕事は、この三つの特徴が極大化しているというのが筆者の見立てである。一つひとつ順を追ってみていこう。

2　再帰性について

教師の仕事の特徴を示す第一のキーワードは「再帰性」である。「再帰性」とはブーメランにたとえられる事態である。授業がうまくいかない場合、保護者からクレームが浴びせられる場合など、その責任は常に教師自身へと返ってくる。つまり、教師が自らの教育実践の不調の原因を外部に求めたとしても（「家庭のしつけが悪い」「教育行政が悪い」など）、結局は、教師自らの責任問題となって戻ってきてしまうのである。教育問題は原因を一つに特定できない複雑さを孕んでいるはずだが、教師の仕事の再帰性により、その原因が「教師の責任」というたった一つの要素に縮減されてしまう傾向にあるのである。

とりわけ、シュタイナー学校の場合、原則八年間一貫担任制が採用されているため、「再帰性」が際立つことになる。一年や二年で担任が変わるシステムであれば、子どもに対する責任は当該児童・生徒を受け持った複数の教師たちに分散されることになろう。だが、最大八年もの期間、一人の担任が同じクラスを担当するのであるから、再帰性の度合いは格段に高まることになる。担任教師の責任が非常に重たいのである。横山義宏氏（横浜シュタイナー学園）はこの点について次のように述べる。

担任の責任が本当に大きいんですよ。子どもには担任を通じてさまざまなものが流れていきますので、担任のものの見方が偏っていてはまずいと思います。ただ「見方が偏らない」ようにすることは本当に難しいことだと感じています。

「見方が偏らないようにするのは難しい」という横山氏の発言は切実だ。八年間もの時間を子どもたちと共に過ごすなかで、むしろ偏りが生まれてしまうのは当然のことなのかもしれない。教師が自らの偏りを自覚するために、シュタイナー学校においては同僚性を基盤として、絶えず他の教師からのフィードバックが行われ、自身の実践に関しての内省がはかられるのだろう。

さて、長期間にわたって子どもたちを見守り続けることができるからこそ、目の当たりにすることのできるド

（1）　本章の内容は、井藤元編『ワークで学ぶ教職概論』（ナカニシヤ出版、二〇一七年）の第8章「教師はスーパーマンにはなれない？——教師の多忙化とバーンアウト」と一部内容が重複している。
（2）　佐藤学『教師というアポリア——反省的実践へ』世織書房、一九九七年、九四—一〇〇頁。

ラマがある。シュタイナー学園の木村義人氏の次のコメントは注目に値する。

クラス替えがなくて、一年生(あるいは幼稚園時代)から高校三年生まで人の成長を一貫して見ていけるというのはものすごく感動的なんですよ。人間ってこんなに美しいものなのかとか、こんなに可能性を秘めたものなのかというのを改めて考えさせられるんですよ。

実は最初のうちは教師ってちょっと損な仕事だなと思っていたんです。例えば建築家だったら自分の頭の中で設計したものを実際に作り上げて実物を見て、自分のデザインは間違ってなかったとか、美しいものができたという満足感があると思うんですけれども、教師は子どもたちの心の中に種を植えているような感じの仕事じゃないですか。それがいつどういうふうに咲くかというのは見えないですよね。

人間は死ぬまで成長していくと思うので、もしかしたら三〇代で花開くのかもしれないし、自分たちが関わったことがどういう意味があるのか、どういう働きを成しえたのかについて知りようがないじゃないですか。

日々子どもたちと接していること自体は楽しいですけれども、そういう意味で成果が見えてこないというのが不満だったんですけど、ただやはり高等部に行って卒業するまでの過程を見るだけでもこれはある意味、自分がやってきた仕事に対してのプレゼントだなと思うんですよね。感動するんですよ。人のあり方自体に。どんどん成長を遂げていく姿ですよね。

もちろん、その都度、その子の持っている美しさに感動することはあるんですけれども、その変化を**長期的なスパンで見ていく**というのは、大河ドラマを見ているような、長編小説を読んでいるような醍醐味はありますよね。

木村氏に限らず、この点をシュタイナー学校教員の仕事の醍醐味として挙げる教師は多い。(3) 広く浅く多くの子どもたちと出会うのではなく、長期的スパンで定点観測的に子どもたちを見守ってゆくことのメリットである。シュタイナー学校の教師の仕事は「再帰性」が高い分、かえってくるものも大きいのだ。「自分がやってきた仕事に対してのプレゼント」という木村氏の言葉は印象的だ。

3　不確実性について

教師の仕事の特徴を示す第二のキーワードは「不確実性」である。あるクラスでうまくいった授業内容が別のクラスでもうまくいくという保証はどこにもない。あるいはある生徒に対して効果的だった働きかけが、別の生徒にとっても有効であるという保証もない。くわえて教師の仕事の評価も「不確実性」に満ちている。「何が良い教育か」「何が良い授業か」をめぐっての見解は人それぞれさまざまであり、ある評価者から高い評価を受けた授業が、別の評価者からみれば評価に値しないなどという事態も十分に起こりうる。

(3)　この点をめぐる纐纈好子氏（京田辺シュタイナー学校）のコメントもじつに興味深い。「日本のシュタイナー学校は一学年一クラスです。だから、一年から一クラス二〇人とか三〇人ぐらいの子をずっと継続してみることができるというのが大きいです。年々どころか日々子どもって変化しますでしょう。「あの子がこんなふうに成長するんだ！」というのは、使用前・使用後じゃないけど、その時期はいつになるかわからないけど、本当に一人ひとりの変化がよく見えます。高等部に上がった生徒の姿を見て、あんな生意気やったのにこんなに立派になって……といつも驚いています（笑）。それを見ることができるだけでも、シュタイナー学校で働く甲斐があるのではないでしょうか。小さい頃から子どもたちをずっと見ていられるので、子どもの可能性と個性が「見える」。「わかる」というか、もう本当に目に見えるのです。シュタイナー学校のいいところはそこもあるかもしれないですね」。

教育という営みは、ただでさえ不確実性が高いのであるが、シュタイナー教育においては、この要素も際立っている。シュタイナー学校では教科書を用いた授業を行うわけにはいかず、ゆえに指導書通りに授業を行うわけにはいかず、自らの手で子どもたちと共につくり上げていかなければならない。前章でみたとおり、エポック授業には即興性が求められ、先の展開が読めないため、授業の不確実性は非常に高いのである。

だが、教育実践が不確実であるということは教育実践そのものが創造的・探究的性格を有していることも意味している。先が見通せないことこそが、教育の面白さにつながるということである。この点をめぐる石尾紀子氏（北海道シュタイナー学園）の経験はじつに興味深い。

教師自身も答えがわかっていない状態で子どもと一緒に学んでいる授業もあるんですよね。もちろん授業準備の段階で「こういうことを学んでほしい」と思って授業を組み立ててはいるのですが、子どもたちと一緒に歩んでゆくと、思ってもみないところにたどり着くことがあるんですよね。そこが本当に授業の醍醐味だなと思います。

例えば五年生で「植物学」のエポック授業を行うのですが、天然の森林では、植林した場所と比べて、木がまったく違う生き方をしているということを観察した人がいました。「何でそうなるんだろう」と掘り下げてゆくと、最初に「植物学」の授業で扱う（本当は植物ではないのですが）キノコ、菌類がすべてをつないでいるというところに子どもたち自身の力でたどり着いたんですよね。

毎年、木から葉っぱが落ちて、森や山では動物や虫が死んでいますが、いつでも山や森はきれいだし、空気も新鮮。「もし落ち葉を菌類が分解してくれずに積もっていってしまったら、いったい森はどうなるのだろう」という問いを立てて、キノコの学びからスタートしました。そして、エポック授業の最後でブナ林の勉強をしているときに、「じつは木は互いに助け合っているんだ」という話になり、木は根っこ同士がつながっていて、これにより互いに助け合うことができ、栄養を分け合っているみたいだというのがわかったんです。さらに、それをつないでいるのがキノコの菌類だということを最終的に子どもたちが導いてくれたのです。エポック授業の最初の話に戻ってきたということです。私のほうから、「なぜ木は助け合うことができるんだろう。どうしてだと思う？」と問いを投げかけたところ、子どもたちが私の先を行き、「きっとキノコたちがつないでくれている」という考えを導き出してくれたんです。

決して私自身が授業をすべて導いたというわけではなくて、その授業の単元の中でちりばめていたことを、最後に子どもたちがつなげてくれることがよくあるんですよね。だから地理の学びにおいても、北海道の地図を描いて、どこで何の産業がさかんかを地図に書き込んでゆくと、なぜここでこういうものを育てているか、子どもたちが導き出してくれるんです。「きっとこうなんじゃないか」と子どもたちがすごく考えてくれるんですよね。そして、私も気づいていなかったようなところにたどり着くケースが多くあります。

もちろん、あらかじめゴールを設定する授業もあるんですけれども、そのゴールまでのなかでみんながいろいろと考えて、ああでもない、こうでもないと考えを巡らせることができるというのが、すごく面白いなと思っています。

ゴールを設定せず、**どこまでみんなと一緒に転がっていけるか味わうこと**が本当に面白いです。だから授業が終わって子どもたちがもっと転がっていきたいという思いを持っていると、子どもたちが授業後に自然と集まってくるんですよね。「まだ話し足りない！」という子どもたちの姿は、すごく生き生きしています。そういう授業を常に目指したいなと考えています。

エポック授業は筋書きのないドラマであり、子どもたちと一緒に転がってゆくことが大きな醍醐味となる。だが、教師のうちに、不確実性を楽しむというマインドセットが備わっていない場合、シュタイナー学校のカリキュラムは教師にとっては負担となるだろう。

教師たちが「不確実性」に価値を見出しているということは彼らへのインタビューの端々で感じられたことである。

4 エポック授業のメリット

教師たちが授業において不確実性に身を委ね、子どもたちとともに「転がってゆく」ことができるのは、シュタイナー学校のカリキュラムが独自の形式（エポック授業）を採用しているからであろう。この点に関する入福玲子氏（沖縄シュタイナー学園）の主張は重要だ。

一般的な学校の場合はいろんな教科の学びを一日のうちに同時に行いますよね。国語も算数も理科も社会も図工も体育も一日の中に全部入っているわけで、担任はそれらを全部準備しなければならないので、頭の中が分散してしまうんです。国語の授業をやりながら、「次の体育の時間、何をやるんだっけ」みたいな。「体育の時間は鉄棒だから、あれを準備しておかなきゃ」ということが頭の片隅にあるんです。けれども、シュタイナー学校の場合は、エポック授業形式のため、一つの科目に集中できるので、教師もその内容に浸ることができるんです。

あらゆる教科を細切れに学ぶカリキュラムの場合、教師自身も当該教科の学びに深く浸ることができない。そこにおいては時間的制約もあるため、子どもたちとともに転がってゆく余裕は生まれにくいだろう。一コマ四五分ないし五〇分の枠が定められている授業において、不確実性（ノイズ）は極力排除しようという発想になって当然である。エポック授業は子どもたちを深い学びへと誘うだけでなく、教師たちが一つのテーマにじっくりと向き合うことのできる環境を与えている。

5　不確実性を呼び込む

これまでに日本のシュタイナー学校では豊かな実践が積み上げられてきた。だが草創期の教師たちはそうしたアーカイヴがないなかで教育実践を行ってきたのだから、当時は、いまよりもさらに不確実性が高かったといえる。この点をめぐり安藤しおり氏（京田辺シュタイナー学校）は次のように振り返る。

私の一巡目は、ないない尽くしで（笑）。とても大変だったのですが、何でも自分で自由につくれるんですね。自由にやっていたことが、「あっ、それいいね」と賛同を得て、それが学校の伝統になっていくんです。

五年生を担任していた年に、秋のバザーで子どもたちとバンブーダンスをやったら以後それが恒例となったり、翌年六年生と同じ機会に和太鼓をやってみたら、それもまた六年生の伝統となったり。ただ、そうして伝統になってしまうと、新しく教員になった人がやらなければならないことが山のように出てきてしまって。しかも、自分でつくったわけでもないことをやらされることになってしまうわけです。新しい先生たちは喜んでそれらの実践に取り組んでくれてはいるのですが、自分で一からつくってゆくよりもある意味へビーかもしれません。アーカイヴがあり過ぎても問題なのかもしれませんね。

安藤氏の発言からもうかがえるとおり、伝統を大切にしつつも、教師が不確実性を引き受け、その都度、新たなものを生み出してゆく姿勢が重視されているのである。成功事例を引き継ぐことでやるべきことが定まっていれば、教育実践は見通し可能になり、確実性は高まる。だが、決してそれに安住はしない。もちろん、シュタイナーの発達理論に基づき、大枠は定められているものの、実践の中に不確実性を呼び込むことがクリエイティブな授業の要件であると考えられているのである。

6 無境界性について

教師の仕事の特徴を示す第三のキーワードは「無境界性」である。教師の仕事はこれさえやっておけば仕事が終わりといえる限定的なものではない。この点については「予備校の先生」と「学校の先生」を比較するとわかりやすい。予備校の先生の仕事は基本的に受験指導に限定される。保護者が予備校講師にわが子の人間形成や生活指導を期待することは滅多にないだろう。予備校の場合は、仕事に境界が設定され、指導すべき範囲が限られているのだ。

教師の仕事はしばしば「シャドウ・ワーク」に傾斜していると指摘される。シャドウ・ワークとは、「賃金が支払われない労働」を指し、賃労働に対してのシャドウ（影）とみなされるものであり、家事・育児などの労働はその最たる例である。教師の仕事が無限定的に広がってゆくことにより、教師は家に持ち帰って行う授業準備や保護者からのクレーム対応など無報酬の仕事に際限なく追い立てられることとなる。ただでさえ無境界性が特徴づけられる学校教員の仕事ではあるが、シュタイナー学校の教員の場合、この要素も極めて大きくなる。例えば、保護者対応に関する横山義宏氏（横浜シュタイナー学園）のコメントは注目に値する。

保護者の皆さんは、公立の学校や他の私立の学校ではなく、シュタイナー学校を選んでくるわけです。クラスの中に二〇家庭いたら、二〇通りの理想のシュタイナー像が存在しています。それら全部に応えることは難しいと私は考えています。

各家庭が抱いている「理想的なシュタイナー像」は多様であるため、それらすべてを満たそうとするならば、それこそ教員の仕事に際限がなくなってしまう。

7　教員会議の無境界性

シュタイナー学校では週に一回教員会議が開催されるのだが、この学校における会議のありようにも「無境界性」が見てとれる。通常、木曜日の午後に会議が開かれる。そこでは、教員の任用と配置、カリキュラムの研究と開発、教育活動の評価、教育方針の策定、そして学校の日常活動の管理など、さまざまなことが話し合われる。(4) 教師の間に上下関係などがなく、すべての事項が教師全体の合意のもとで決定されてゆく。(5) 教員会議の重要性について、シュタイナー自身の言葉に耳を傾けてみよう。

教員会議では、個々の子どもの個性について入念に話し合われます。教員会議のなかで教師がおもに学ぶのは、子どもの個性です。教員会議は授業全体の魂であり、こうして教師は完成していきます。子どもは多くの謎を提出します。教師がそれらの謎を解くことによって、教室にもたらすべき感情が発達します。(6)

教員会議の中で、子どもたちが提示した謎を教師たちが共同で解く。教員会議の存在により、前章で紹介した同僚性が高められることになる。教員会議の重要性は、シュタイナーによって何度も強調される。

教師が教室のなかで現実に即することができるように、ヴァルドルフ学校教育においては教員会議が授業全体の魂になっています。教員会議では、それぞれの教師が教室で子ども全体について経験したことを語り合います。こうして、どの教師もほかの教師が体験したことを知ることができます。このような方法で、教員会議がもっとも重要なものになっていないと、学校に生命がなくなります。(7)

個々の生徒に関する情報共有が図られ、教師たち全体で子どもたちを見守るという環境が形成される。(8) こうして、教員会議は教師たちにとって「研究の場」になるとシュタイナーは述べる。(9) とはいえ、こうした方式はやりがいがあると同時に過酷でもあり、教師個々人の高い責任感も要求される。(10) 話し合うべき内容に際限がないため、教師の仕事の無境界性が極まることになる。(11) 白田拓子氏（シュタイナー学園）の言うように、「教員同士の関係性が対等で、多数決は行わず、一つひとつのことを皆で納得するまで話し合って決めるので、会議の時間はどうしても長くなってしまう」。ただし、さまざまな工夫はされている。若林伸吉氏（京田辺シュタイナー学校）の次のコメントからは、現実と折り合いをつけながら日々の実践に臨んでいる教師たちの姿を垣間見ることができる。

昔は教員会議がとても長かったんですよ。日をまたぐときもありました（苦笑）。次の日、メインレッスン（エポック授業）があるわけで、まずいなと思っていたんですけれど、ここ数年でそうした状況をかなり改善しました。教員会議を早く始めるには授業を削らなければいけなくなってしまうので、それが一番のネックだったんです。けれども、その部分のコマを何とか専任ではない教員にお願いし、いろいろと工夫をして、今年（二〇二二年度）から会議が一五時からになったんです。とはいっても、二〇時くらいまではかかって

（4）クリストファー・クラウダー、マーティン・ローソン（遠藤孝夫訳）『シュタイナー教育』イザラ書房、二〇〇八年、一二二頁。
（5）同。
（6）ルドルフ・シュタイナー（西川隆範訳）『人間理解からの教育』筑摩書房、二〇一三年、一二三頁。
（7）同、二二一頁。
（8）「クラス全体に関することも、個々の生徒に関することも、教員会議で徹底的に取り扱われます。そうして、全教師が個々の生徒の性格・個性を知ることが可能になります」（同、二二一頁）。
（9）「教師は、教員会議において学校というものを研究するのです。そうすると、教師がほかに必要とするものは、おのずと生じます。教員会議が絶えまない研究の場であるということが重要なのです」（同、二三〇頁）。
（10）クリストファー・クラウダー、マーティン・ローソン（遠藤孝夫訳）『シュタイナー教育』イザラ書房、二〇〇八年、一二二頁。
（11）教師会の運営の仕方は各シュタイナー学校により異なる。例えば、北海道シュタイナー学園では会議が細分化されている。同校の米永宏史氏は次のように述べる。「うちの学校の教師会は終わるのが早いです。一七時とか一八時前には終わりますね。毎週、議長が決まっていて、議長宛に参加者が議題を提出するのですが、そもそも会議が細分化されていまして。例えば担任会というのがあるのですが、担任会ではクラスのそれぞれの担任が抱えている問題や子どもの現状などをシェアします。高等部会では高等部の先生たちが高等部で起こっていることに対して議論します。教師会では担任会や高等部会で話されたことがシェアされますが、教師会ではあくまでも全体で話す必要がある内容のみ、皆で情報共有し、議論することになります。高等部で起こっていることを学校の教師全員で話そうとか、幼稚園で起こっていることを全員で話そうとか、そういったことはないです」。

しまうこともありますね。それでも、以前と比べたら終了時間が早くなったという印象はあります。子どもたちと真摯に関わり、皆で合意形成を図りながら学校運営を進めようとするからこそ、話し合うべき内容が膨大になり、歯止めをかける作用が働きにくくなってしまう。

8 授業準備の無境界性

教員会議だけでなく、授業準備においても無境界性が高い。授業の準備に関する安藤しおり氏（京田辺シュタイナー学校）の次の指摘は重要だ。

授業準備には終わりがありません。人や事物との出会い、前日の生徒の反応などによりその日まで、その日にも内容や角度が変わることがあります。あらかじめ分量の決まった「自分はすでに学び終えたもの」を教えている感覚ではないですね。

シュタイナー教育のカリキュラムはざっくりしているけれど深奥で、学びをどんどん発見していけるんですよ。薬剤師をしている姉から、薬の世界ってどんどん新薬が出てくるからずっと学び続けなければならないと聞きます。そのように新しい知識にアップデートしていく部分もあるけれど、シュタイナー学校教員の場合、どちらかというと、お茶の先生が長くお茶をされて楽しいと思う感覚に近いんじゃないですかね。より真理が発見できるような楽しみがあるんですよ。

授業準備に終わりはない。ただし、それは知識を量的に増やし続けてゆくということを意味しない。真理の発見に向けて知識を掘り下げてゆく作業が求められるのである。教科横断的な学びが展開されるシュタイナー教育において、「ここまで準備をすれば十分」という明確な範囲は存在しないのである。表面的に知識をつなげ、教科横断を謳うのではなく、深いレベルで有機的に知識を結びつけてゆくセンスが求められるのである。

9　長期休暇の過ごし方

さて、学期中は忙しいものの、シュタイナー学校は休みの期間が長い。春休み、夏休み、冬休みの期間は十分に確保されており、加えて、二学期の途中、一一月頃に一週間程度の「秋休み」がある。教師たちはこの期間、日直やプール当番などの業務がなく、学校の業務を離れ、リフレッシュすることができる。シュタイナー学校の教員にとって、長期休暇の存在は極めて重要だ。とはいえ、その期間もまた、大きな意味においては教育の質を高めるための期間といえる。長期休暇の過ごし方に関する横山義宏氏（横浜シュタイナー学園）の指摘は示唆に富んでいる。

仕事に追われる状態をつくってしまっては良い教育ができないと思うので、心に余裕を持つようにしています。だから長期休暇が非常に重要なんですよ。長期休暇のうちにしっかりと次の学期のための授業準備をしておくことが大事です。次の学期では〇〇の授業をする必要がある。だから長期休み期間には〇〇の勉強をしようと計画を立てます。例えば、来年度、私は歴史の授業を担当するのですが、そのためには、やはり本を読まなければなりません。けれども、学期が始まると日々に追われてしまうので、基本的な知識をインプットする時間がなくなってしまいます。長期期間中に基本的な事柄のインプットができていると、学期が始まってからはプラスアルファの準備ができるのです。加えて、**長期休み中に学んだことが、学期開始までの時間の中で心の中で熟成される**のでそのことも大事にしています。

長期休暇を利用した横山氏の授業準備の方法が、エポック授業の形式とパラレルである点は注目に値する。一つの教科を連続して三～四週間学び続けるエポック授業。その間は一つの教科だけに集中して学習が進められる。このカリキュラムだと、例えば国語のエポックが終わったあと、次にまた国語のエポックが回ってくるのは数か月後ということになる。エポック授業に対しては、「せっかく国語の勉強を一か月間じっくり行っても、次に国語を学ぶまでの数か月のあいだに学んだ内容をすっかり忘れてしまうのではないか」といった批判がしばしば寄せられる。ところが、シュタイナー教育での学びはゆっくりと時間をかけて深く学習がなされているため、学んだ内容が忘れられ、消えてなくなるとは考えられていない。そこでの学びは、時間が経てば剥がれ落ちてしまうようなメッキの知識ではない。むしろ、あえて学んだ知識を**一定期間寝かせ、醸成する**。そして、時間を置き、再びその知識と出会い直す。「忘れること」は避けられるべきことではなく、学んだことが内面で深まるためにむしろ必要なことと考えられているのだ。横山氏の授業準備においても、この「寝かせる」時間が大切にされている。授業準備は自転車操業でなされるべきではない。子どもたちの魂を満足させる深い学びを展開するためには、教師自身の内側で授業内容を醸成する時間が必要となるのだ。

10　学年末の通信簿

最後に、学年末に教師が子どもへ渡す通信簿について紹介しよう。シュタイナー学校には子どもを数値で評価する通知表が存在しない。だが、そのかわりに学年末に子どもたち一人ひとりに詩が送られる。ヘルムート・エラーは、通信簿を書く際、教師たちには「心から子どもの本質を知ろうとする努力が必要」[12]であると言う。担任の先生は、一人ひとりの子どもについて体験したすべてのことを振り返り[13]、自らの中でイメージをつくり上げ、通信簿という特徴的な形で表現することが求められる[14]。この作業は、「とても興味深く、とても時間がかかる仕事」[15]である。通信簿は、次の学年に向かってその生徒を助ける力となるがゆえに、大きな意味を持つ[16]。シュタイナー自身の言葉を引用しよう。

(12) ヘルムート・エラー（鳥山雅代訳）『人間を育てる――シュタイナー学校の先生の仕事』トランスビュー、二〇〇三年、六五頁。
(13) シュタイナーは通信簿について次のように述べる。「学年末に私たちが一人ひとりの子どもに与える成績表は、あたかも小さな伝記ないしは概観のごとき体裁をしております。すなわち、この一年の間にクラスの内と外とにおいて、この子どもに関して私たちのなした諸々の体験の総括が、この成績表なのであります」（ルドルフ・シュタイナー（新田義之訳）『オックスフォード教育講座――教育の根底を支える精神的心意的な諸力』イザラ書房、二〇〇一年、二四四頁）。
(14) ヘルムート・エラー（鳥山雅代訳）『人間を育てる――シュタイナー学校の先生の仕事』トランスビュー、二〇〇三年、六五頁。
(15) 同。
(16) 「私たちは過去と未来とを結びあわせるのです。私たちは子どもをよく知っており、その子どもが意志活動や感情生活や思考力において欠けたところがないかどうかも知っており、またある種の情感が優位を占めているということも知っております。それによって私たちは、ヴァルドルフ学校の一人ひとりの子どもの個性に対して、一つの評語を作ります。これをその成績表の中へ書き込むのです。この評語が次の学年のための基準とされるのであります。子どもはこの評語を、つねに考えなければならないものとして受けとります。つまりこの評語はその時、意志と感情と気質の上に正しく均衡を与えるように、また調整作用を及ぼすように、働きかけるという役目を果たすのです」（ルドルフ・シュタイナー（新田義之訳）『オックスフォード教育講座――教育の根底を支える精神的心意的な諸力』イザラ書房、二〇〇一年、二四五頁）。

成績表は、子どもが何をなしたかということの知的な表現であるにとどまらず、それはひとつの力を内に持っているのでありまして、それは子どもが新しい成績表をもらうときまで作用し続けます。しかしまさにこのことから皆さまは、子どもにこのような強い作用をもつ成績表を持たせて一階程を終えさせるためには、どれほど厳密に私たちが子どもの個性のなかへ入っていかなければならないかを、理解することがおできになるでありましょう(17)。

シュタイナー学校における通信簿は、生徒の成績を記した評価表ではなく、子どもたちのうちに生きて作用し続けるものなのである。子どもたち一人ひとりに祈りを込めた通信簿を届けることが求められるため、年度末になると教師たちはその執筆に膨大な時間がかかってしまう。執筆にかかる時間は教員によっても異なるが、山下亜弓氏（東京賢治シュタイナー学校）によれば、「丸一日かけてようやく子ども二人分の通信簿が書き終えられる程度」だそうだ。平日は時間が取れないため、土日に執筆を進めることとなり、冬休み頃から準備を始めているという。

だが、通信簿の執筆は確かに大変だが、「好きな時間」でもあると若林伸吉氏（京田辺シュタイナー学校）は述べる。

うちの学校では少なくとも六年生までは、手書きで通信簿を書いているので、すごく大変ですね。エクセルでまず下書きを作成してそれを手書きで書きます。それをクラス全員、二三人分執筆します。ただ、書いている時間は、一人ひとりの子どもについて長い時間、振り返ることができるので、幸せな時間なんです。できればあと一週間くらい時間がほしいなとは思うんですけどね（笑）。

また、通信簿を書く時間は子どもたちにとってだけでなく、教師の成長にとっても重要な時間になるのだと後藤洋子氏（東京賢治シュタイナー学校）は言う。

私の場合は、一人に何日間かかけて執筆します。一年間でこの子はこう変化したな、こんなこと頑張っていたなと、振り返る機会になりますし、教師たちが自分自身の実践について見つめ直す機会にもなると思います。必要な時間だなと思います。

通信簿を書くことが、教師自身の成長の機会となる。シュタイナー学校において、徹頭徹尾、醍醐味と困難はコインの裏表の関係にあるのだ。

(17) 同。

付録　国内で受講できるシュタイナー学校教員養成講座

シュタイナー学校の教師になるための専門的な知識やスキルはどこで身につけることができるのであろうか。「付録」では、国内で受けられる教員養成講座の内実について紹介する。いずれも二〇二三年三月時点での情報なので、最新の情報については、各講座のホームページをご確認いただきたい。

なお、海外で受講できるシュタイナー学校の教員養成コースに関する情報（世界の教員養成機関のリスト）は日本シュタイナー学校協会のホームページ上で公開されている。また、幼児教育分野に関しては、日本シュタイナー幼児教育協会がシュタイナー幼児教育を実践する教師を養成するための講座を開講している。

1　日本シュタイナー学校協会　連携型教員養成講座

まずは日本シュタイナー学校協会が開講している連携型教員養成講座について紹介したい。本講座は、その名が示しているとおり、全国のシュタイナー学校が連携して、教員養成講座を開講している。全国各地でシュタイナー学校の教員を目指している者同士が定期的に交流を図ることができる点に最大の特徴があるといえる。現時点での受講者は、普段、子どもと関わる仕事に従事している人が多いという。また、自身の子どもをシュタイナー学校に通わせている人、「通わせたかった」と考えている人なども受講しているそうだ。また、受講者の年齢層について、三〇代以上が多いものの、近年は二〇代の若い受講者も増えているという。

連携型教員養成講座では三つのコース（「基礎コース」「実習コース」「学びのコース」）が用意されている。本講座の受講にあたり、受講者は最初に「ホームベース校」と呼ばれる学びの拠点を決める必要がある。ホームベース校とは、およそ一～五年にわたる本講座をともに伴走していくパートナーであり、日本シュタイナー学校協会に加盟するすべての加盟校を、ホームベース校として指定することが可能である。(1)

次に、それぞれのコースについて、簡単に紹介しよう。

①基礎コース

第一のコースは「基礎コース」と呼ばれる。本コースは、教育者としてシュタイナー教育に携わり、実際に子どもたちと関わるうえで基礎となる知識やスキルを学ぶためのコースである。「基礎コース」では、日本シュタイナー学校協会が指定している各校の教員養成講座を受講してゆく（履修期間の目安はおよそ二年。六〇単位以上を取得）。連携基礎コースについては次節以降、個別にみていく。

なお、北海道シュタイナー学園、愛知シュタイナー学園、福岡シュタイナー学園に関しては、連携基礎コースを開講していないため、これらの学校をホームベース校とした場合は、ホームベース校と相談のうえ、他校の教員養成講座を受講することになる。

また、「基礎コース」では、各校実施の連携基礎コースのみならず、各地の協力講座に参加することで必要単位を取得できる（各地の協力講座については、日本シュタイナー学校協会　連携型教員養成講座ホームページを参照）。

さらに、連携基礎コースの受講に加えて、受講者は八月に開催される「夏の講座」への参加が求められる。(2)「夏の講座」において、全国各地の教員養成講座受講者が一堂に会し、学びを深めることになる。ホームベース校で開講されている講座は、基本的にその学校に在籍している教員が講師をつとめることが多いのであるが、「夏の講座」では、普段の講座では顔を合わせることのない教員と出会い、さらなる知見を広げることのできる絶好の機会となる。そし

(1)　ホームベース校は特別な事情がない限り途中で変更することはできない。
(2)　「夏の講座」は「基礎コース」受講期間中に二回参加する必要がある。

て一〜二年間の連携基礎コース受講後、「連携型教員養成講座「基礎コース」修了証」を取得することができる。

②実習コース

第二のコースは「実習コース」である。このコースでは教壇に立つうえで必要な力をシュタイナー学校の現場で実践的に学ぶことができる。実際にシュタイナー学校の教壇に立つためには、やはり実習を通じて生きた子どもたちと関わる経験が不可欠である。

自動車教習所にたとえるならば、「基礎コース」は、教習所内で行われる学科教習・技能教習（第一段階）、「実習コース」は路上教習を含んだ第二段階での学びに相当するといえる。不確実性に満ちた学校現場での学びは、「基礎コース」に比べて発展的・実際的な学びとなる。

「実習コース」の履修期間の目安は一〜三年。「基礎コース」修了後、「実習コース」の受講を希望する場合は、ホームベース校の教員と面談を経て、「実習コース」受講の可否が判断される。

「実習コース」へと進んだ者は、各校での実践的な学びが開始される。修了に必要な単位をホームベース校の講座、複数回の実習等で取得してゆく（クラス担任を目指すか専科教員（オイリュトミー担当教員以外）を目指すかで、取得単位は異なる）。実習を行うなかで卒業に必要な単位を取得したのち、卒業研究に取り組み、各自の設定したテーマでレポート（一万字以上）を提出する。そのうえで「夏の講座」期間中に三〇分間の卒業研究発表を行うとともに、ホームベース校で授業を行う。そうした課題を達成し、すべての課程が修了すれば、「日本シュタイナー学校協会認定教員免許状」が交付されることになる。(3)

「実習コース」修了後に取得できる「日本シュタイナー学校協会連携型教員養成修了教員免許状」は、日本国内のシュタイナー学校の教員として働く資格を有することを日本シュタイナー学校協会が保証するものとなる。

（3）ただし、シュタイナー学校で働くうえで、本免許状の取得は必須ではなく、本免許状がなければ教壇に立てないわけではない。

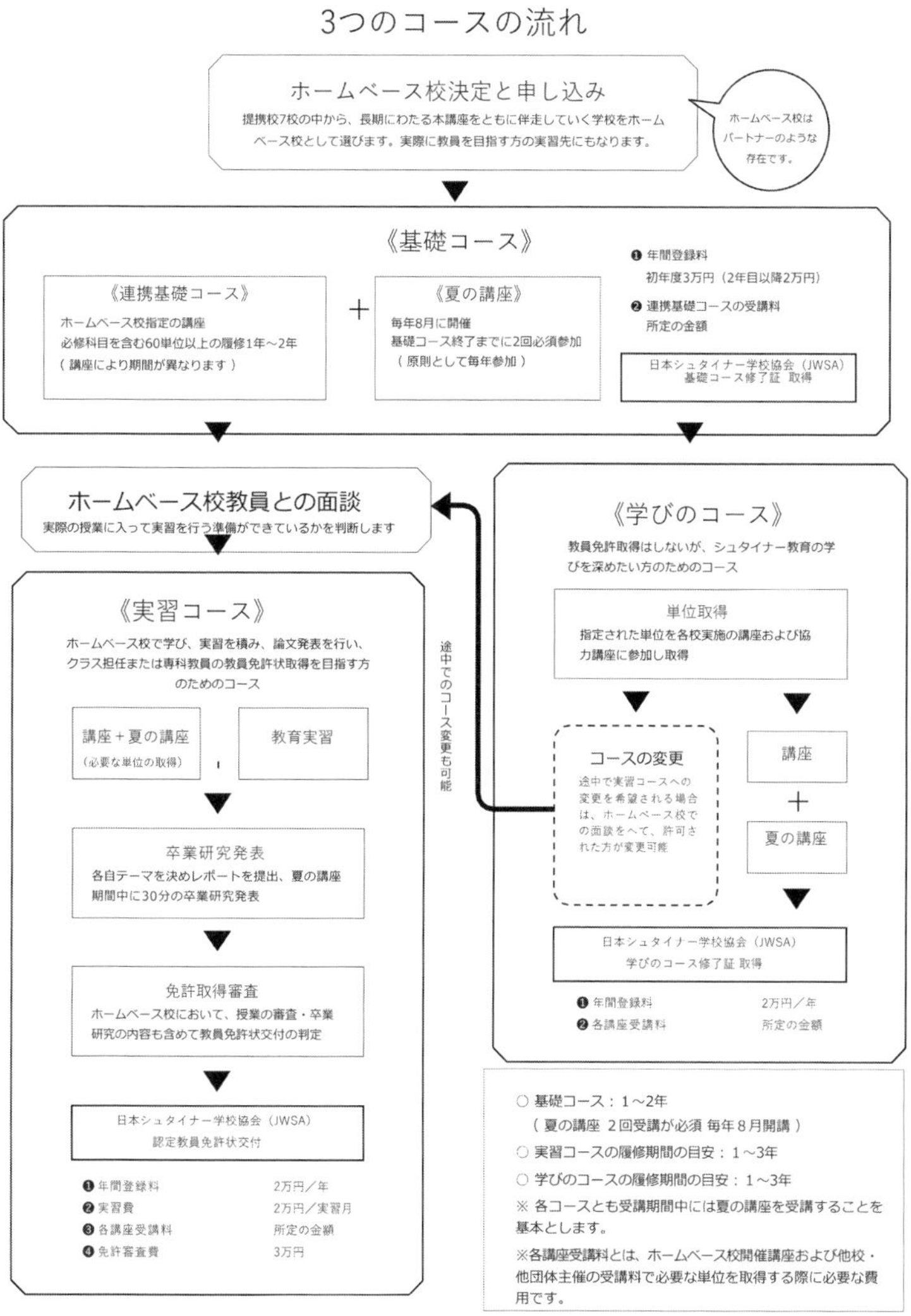
3つのコースの流れ
ホームベース校決定と申し込み
提携校7校の中から、長期にわたる本講座をともに伴走していく学校をホームベース校として選びます。実際に教員を目指す方の実習先にもなります。
ホームベース校はパートナーのような存在です。
《基礎コース》
《連携基礎コース》
ホームベース校指定の講座
必修科目を含む60単位以上の履修1年～2年
（講座により期間が異なります）
＋
《夏の講座》
毎年8月に開催
基礎コース終了までに2回必須参加
（原則として毎年参加）
❶ 年間登録料
初年度3万円（2年目以降2万円）
❷ 連携基礎コースの受講料
所定の金額
日本シュタイナー学校協会（JWSA）
基礎コース修了証 取得
ホームベース校教員との面談
実際の授業に入って実習を行う準備ができているかを判断します
《実習コース》
ホームベース校で学び、実習を積み、論文発表を行い、クラス担任または専科教員の教員免許状取得を目指す方のためのコース
講座＋夏の講座
（必要な単位の取得）
教育実習
卒業研究発表
各自テーマを決めレポートを提出、夏の講座期間中に30分の卒業研究発表
免許取得審査
ホームベース校において、授業の審査・卒業研究の内容も含めて教員免許状交付の判定
日本シュタイナー学校協会（JWSA）
認定教員免許状交付
❶ 年間登録料　2万円／年
❷ 実習費　2万円／実習月
❸ 各講座受講料　所定の金額
❹ 免許審査費　3万円
途中でのコース変更も可能
《学びのコース》
教員免許取得はしないが、シュタイナー教育の学びを深めたい方のためのコース
単位取得
指定された単位を各校実施の講座および協力講座に参加し取得
コースの変更
途中で実習コースへの変更を希望される場合は、ホームベース校での面談をへて、許可された方が変更可能
講座
＋
夏の講座
日本シュタイナー学校協会（JWSA）
学びのコース修了証 取得
❶ 年間登録料　2万円／年
❷ 各講座受講料　所定の金額
○ 基礎コース：1～2年
（夏の講座 2回受講が必須 毎年8月開講）
○ 実習コースの履修期間の目安：1～3年
○ 学びのコースの履修期間の目安：1～3年
※ 各コースとも受講期間中には夏の講座を受講することを基本とします。
※各講座受講料とは、ホームベース校開催講座および他校・他団体主催の受講料で必要な単位を取得する際に必要な費用です。

③学びのコース

第三のコースは「学びのコース」である。教員免許状取得を第一の目的とせず、「基礎コース」修了後も学び続けたいと考えている人のためのコースである。

本コースの受講者のなかには、普段は公立学校などで教師の仕事をしている者も多いという。本コースはシュタイナー学校で直接この教育を実践するのではなく、各々の現場で、シュタイナー教育を実践的に応用・活用したいと考えている人たちからのニーズが高いようだ。本コースはシュタイナー教育の裾野を広げる機能を果たしているといえる。

「学びのコース」で必要単位を取得すると、日本シュタイナー学校協会が認定する「連携型教員養成講座「学びのコース」修了証書」がわたされる。なお、「学びのコース」の受講途中で、「実習コース」への変更を希望する場合、ホームベース校で許可された場合はコースの変更が可能である。

以上、三つのコースについて紹介したが、各コースの流れについては図を参照いただきたい。

2　日本各地の教員養成講座

次に日本の各地で受けられる教員養成講座について、紹介していく。ここで紹介する講座を受講することにより、連携型教員養成講座の「基礎コース」の単位として認定されるが、連携型教員養成講座には申し込まずに、以下の講座を単体で申し込むこともちろん可能である（つまり、以下の講座は、連携型教員養成講座に申し込んでいる者と各校主催の講座を単体で申し込んでいる者が同時に受講していることになる）。

①東京賢治シュタイナー学校教員養成講座

ＮＰＯ法人東京賢治シュタイナー学校は東京都立川市にある全日制のシュタイナー学校である。同校の前身である「賢治の学校」は宮沢賢治の生き方を理想として、鳥山敏子氏によって創設され、一九九九年に小学部が開設された。宮澤賢治とシュタイナー、両者のうちに思想的通底を見てとり、宮澤賢治の精神に根差したシュタイナー教育の実践が行われている（二〇一二年に校名を「東京賢治シュタイナー学校」に変更）。二〇一〇年にユネスコスクール認定校となった同校はドイツ（ベルリン）の教員養成ゼミナールと緊密な関わりを持っており、ドイツからも講師が招聘され、講座が運営されてきた。同校主催の教員養成講座は、二〇二二年度よりリニューアルされ、現在は「ライセンスコース」と「ベーシックコース」の二つのコースが用意されている。前者はシュタイナー学校の教員免許の取得を目指すコースであり、後者は、シュタイナー教育に関する知識やスキルを深く学び、教育関係の仕事に活かすためのコースである。本講座は、教育関係の仕事に従事している者や同校の保護者、大学生などが受講している。

「ライセンスコース」は三二日間（＋授業見学日）、「ベーシックコース」は二四日間の講座を受講することになり、各日の講座は八時四五分に始まり、一七時半に終了する。

ホームページ上で各コースの受講の流れが示されているが、やや構造が複雑なため、同校主催の講座の受講を希望する場合は、直接説明会に足を運び、流れを理解していただきたい。

東京賢治シュタイナー学校

横浜シュタイナー学園

②横浜シュタイナー学園で学ぶ教員養成講座

ＮＰＯ法人横浜シュタイナー学園は神奈川県横浜市にある全日制の小中一貫校である。二〇〇五年に開校し、二〇一一年にはユネスコスクールに認定された。同校主催の教員養成講座は二〇一六年から開講されており、一年間で二八日間のカリキュラムが組まれている。同校主催の教員養成講座のカリキュラム（一部）は表のとおりである。

講座は朝九時に開始し、一七時二五分に終了する。毎回、シュタイナー教育の理論と実践をバランスよく学んでゆき、タームごとにレポートが課される。

最終タームでは、受講者全員で演劇づくりに挑戦する。演劇はシュタイナー学校における最終学年の重要課題となっているが、教員養成講座の受講者もまたこの課題に取り組む。

また、横浜シュタイナー学園主催の講座では、シュタイナー教育について学ぶうえでの重要文献である『一般人間学』を通読する。他校主催の教員養成講座でもこのテキストの購読は行われるが、横浜の場合、このテキストとの向き合い方に特徴がある。本書はシュタイナー教育のエッセンスを理解するうえで避けては通れないものだが、内容が難解なことで知られる。初学者が一人で読み進めても太刀打ちできない。テキスト内では耳慣れない人智学用語が飛び交うため、限られた時間の中で一方的に講義を聞いているだけでは理解が追いつかず、消化不良に陥ってしまう可能性も高い。そこで、本講座では毎回一章ずつ、受講者同士でディスカッションしながら、ゼミナール形式で本書を読んでゆく。「わからなさ」を共有しながら、テキストの言葉を体に染み込ませてゆく。遠回りのようにみえて、実のところこの方法はシュタイナーの教育思想と向き合ううえで極めて有効だと筆者は考えている。そもそもの前提として、シュタイナー思想はその内容をすぐにすんなりと理解できる類のものではない。第2章で紹介したとおり、この思想を血肉化するには、日々の実践の積み重ねが求められ、実感を伴って理解するには時間がかかる。自動車教習所のテキストとは根本的に性質が異なるわけだ。覚えれば明日から即実践できるという話ではない。

シュタイナーのテキストと向き合ううえで重要なのは、すぐに答えを求めるのではなく、「問い」を持続させる姿勢であろう。シュタイナーが言わんとしていることは何なのか、受講者一人ひとりが問いをあたため、日々の実践の

2年度／14日間		2022/10/8	10/9	10/10	2023/1/7	1/8	1/9	5/3	5/4	5/5	7/22	7/23	7/24	7/25	7/26
		土	日	月・祝	土	日	月・祝	水・祝	木・祝	金・祝	土	日	月	火	水
9:00～10:30	授業の理論と実践（リズム含む）（90分）	算数・数学（5～7年生）			郷土学～地理 歴史			物理・化学			人間学（動物学・植物学・鉱物学からの流れで）				
10:30～10:50	休　憩（20分）	休　　憩			休　　憩			休　　憩			休　　憩				
10:50～12:20	シュタイナー教育の人間観・世界観（90分）	「一般人間学」			「一般人間学」			「一般人間学」			「一般人間学」				
12:20～13:20	昼　食（60分）	昼食			昼食			昼食			昼食				
13:20～14:05	芸術体験Ⅰ（45分）	体育			言語造形			オイリュトミー			オイリュトミー				劇発表と振り返り
14:05～14:20	休　憩（15分）	休憩			休憩			休憩			休憩				
14:20～15:50	芸術体験Ⅱ（90分）	粘土			子どもの観察		言語造形 発表	水彩（層技法）			横浜の劇づくり	劇づくり			
15:50～16:10	休　憩（20分）	休憩			休憩			休憩			休憩				
16:10～16:55	音楽体験（発声法含む）（45分）	音楽体験			音楽体験			音楽体験			音楽体験 伏見				振り返り 終わりの会
16:55～17:25	振り返り（30分）	振り返り			振り返り			振り返り			振り返り				

なかで問題意識を持続させてゆく。問いの熟成期間が必要となるわけだが、その期間は年単位に及ぶこともありうる。そうして根気よく問いを持続させてゆくと、（多くのシュタイナー学校の教師たちが経験しているように）あるとき、恩恵のように「ああ、そういうことだったのか」と身体全体で納得できる日がやってくる。

横浜シュタイナー学園では「教員養成講座」のほかに「横浜シュタイナー学園で学ぶ「手仕事教員養成講座」」、「横浜シュタイナー学園で学ぶ「シュタイナー学校の英語〜一年生から九年生まで〜」」も開講されており、手仕事や英語の教師を目指している人のためのカリキュラムが用意されている。受講者のニーズに応じて複数の講座が設置されているのだ。

さて、横浜シュタイナー学園の教員養成講座には、一度、講座を受講し終えた人が再度講座に申し込むケースもあるのだという。カリキュラムの大枠、講義やワークの中身が同じであるにもかかわらず、「また、この場で学びたい」と思うリピーターがいるということは特筆に値する。つまり、受講者はシュタイナー教育の理論や実践に関する単なる**情報**を得るために講座に参加しているわけではないということだ。独特な時間の中で自己を見つめ、その場に浸るなかで得られるものを求めてこの場に集っているといえる。

③京田辺シュタイナー学校教員養成講座

関西における教員養成の拠点となっているのが京都府京田辺市にあるNPO法人京田辺シュタイナー学校である。同校は二〇〇一年に設立され、NPO法人立として日本ではじめてユネスコスクールに認定された。同校主催の教員養成講座は二〇二一年に開講し、二つのコース（「基礎コース」と「基礎＋実践コース」）が用意されている。現状では「基礎＋実践コース」の人気が高く、申込時には「基礎コース」よりも先に定員が埋まったそうだ。

次に、ある日の講座のタイムテーブルを紹介しよう。

京田辺シュタイナー学校

9 :15～10:45（90分）	子どもの成長１（人間観と成長段階）
11:00～12:30（90分）	文字の導入１
13:30～14:15（45分）	オイリュトミー１ active
14:30～16:00（90分）	水彩１ active
16:15～17:00（45分）	振り返り

講座は朝九時一五分に始まり、一七時に終了する。「active」と記された講座は、ワークショップ形式で実施され、受講者が体を動かすだけでなく、ディスカッションやプレゼンテーションを通じて学びを深めてゆく。カリキュラムをみてみると、午前中は主に座学中心の学びが配置され、午後は活動的な講座が置かれている。

また、「基礎＋実践コース」においては、タームごとに、以下の「実践課題」が受講者に提示される。「課題２　文字の学びのお話と授業を考える」について、シュタイナー学校は文字を絵（イメージ）を通じて学んでゆくことで知られているが、例えば「十」という漢字を学ぶためにどのような話を作り上げればよいか、受講者に実践的な課題が与えられる。受講者一人ひとり、オリジナルの物語を創作することが求められるわけだが、やはり、初心者が自力で物語を作り上げることは容易ではない。そこで、講師との一対一の個人セッションの時間が用意されており、個別指導が行われる。

実践課題　一覧

〈一年目〉

課題1　メルヘンを語る

課題2　文字の学びのお話と授業を考える

課題3　リズムの時間をつくる

課題4　気質の学びを活かして、数の授業（メインレッスン）をつくる

〈二年目〉

課題5　地理のメインレッスンのメイン部分をつくる

課題6　一つのエポック（三～四週間からなるメインレッスン）を構成する

課題7　一日のメインレッスン全体をつくる（リズムの時間・メイン部分・お話部分）

課題8　卒業研究発表

また、同校の教員養成講座ではGoogleclassroomを活用し、受講者から提出されたレポートに対して、講師からきめ細かなコメントが与えられる（写真）。オンラインツールを活用した指導が行われているのである。

本講座の受講者の声も紹介しておこう。ある受講者は教員養成課程で学ぶなかで「自分自身の生き方が問われている」と感じたのだという。

数の導入　1

＊数の導入について学んだ内容をまとめる。

・「数の質を味わう」　1という数を学ぶ時は、「世界に1つしかないもの」を探す。太陽や空、地面、自分自身など、たった一つのものを挙げながら1という数が持つ質を感じていく。こうした活動により、1は、「いちばん大きな数＝全体」というイメージが子どもの中に生まれていく。概念と文字が結びついていくのである。

・「全体から部分へ」　例えば、四則の計算を学んでいく時も次のように学ぶ。

3は1と2、8は4と1と3　こうした「全体→部分」の流れで数の概念になじんでいく。

9＝10−1　8＝10−2　7＝10−3

・「記号化や抽象化を急がない」抽象化があまりに速いと、子どもたちを硬化させる。「子どもたちから離れたものにしてはいけない。続けると病気になる」とも言われる。概念化・抽象化は早くしてはならない。数を生き生きと自分の体験とつながっていくものとし、身体の動きやリズムを使いながら、全身で捉えていくことが大切である。

・四則を学ぶ時は、春夏秋冬や4つの気質を織り交ぜながら行う　加減乗除を学ぶ時には、4人の王子様が登場するお話をする。それぞれの王子様に、四則の質と気質を重ね合わせることで、子どもたちは、お話の中で四則の質を感じ取っていく。

おおよその算数のカリキュラム

1年　数（1〜9）　位（位が上がることを、お皿に宝石が10個になったら袋に入れるお話をしながら学ぶ）　四則演算

2年　九九

3年　単位（王様がベッドを作らせたが、サイズが小さいという話から、共通の単位が生まれていった人類の歴史を学ぶ）　長さ、重さ、時　1m＝地球の大きさから。

4年　分数（ピザやパイを使いながら）

5年　小数　6年　割合　7年　正と負　方程式　文字式　8年　グラフ　比例

＊考えたこと・質問・感想など

2021/10/22

こんな風に考えたことはなかったけれど、素敵な捉え方ですね。本当にそうかもしれません。昔、絵本作家になりたいな、と思ったこともあったので、ちょっと嬉しくなりました。

2021/10/22

必ずしも王子様でなくて、小人だったり、4人兄弟だったりします。先生によって、どのようなお話をつくるか（使うか）によりますね。

2021/10/22

1年生一学期の最初のエポックでは、9または10まででですが、1年生の間には、100ぐらいまでの数を扱います。

教員養成講座（両コース共通）振り返りレポート　2021年9月講座

植物学の授業とその背景　1・2・3

＊身近にある植物（どんな種類の植物でも構いません）を一つ選び、その植物を観察し、その姿を文章で描写してください。細部にも目をむけ、できるだけ植物全体の姿を描き出してください。

「コスモス」

・茎：太い茎が中央にあり、そこから枝分かれして、細い茎が出ている。さらにそこから枝分かれして、細い茎が四方に伸びる。さらに、そこから枝分かれして、四方に伸びる。その先に、蕾や花が咲く。茎はやわらかく、ぐにゃぐにゃと曲がっているものもあったり、まっすぐに伸び、孤を描いているものもある。

・花…花びらは8枚。がくは8つ。花びらとがくの間に、小さな花を支えるがくがもっひとつある。花びら一枚一枚に太い筋、細い筋が中心から端に向かってまっすぐ伸びている。花びらの先は先割れスプーンのように3つにわかれている。中央には9〜10の小さなおしべ(?)があり、花粉がついている。おしべの周りにも小さな星形の花びらがあり、星々がぎゅっと集まっているようである。（調べると、これは筒状花といい、この星形の一つ一つが花だそうです。びっくり！）

葉：葉脈は網目状に伸びる。1つの葉が5つ、あるいは7つの小さな葉に分かれているような形状。

全体：茎がからまりあい、まさに群生の様相。地面にしっかりと根を張っている。オレンジの他に、桃色、白色のものも見かけた。

雰囲気：一枚一枚は細く、華奢で可憐だが、全体はしっかりと大地に根をはる強い野の花という印象。たくさんで存在し、景色を彩る。中心の茎の太さには驚かされる。時に、1本だけ、忘れられたように咲いているコスモスも見かける。それもまた、一人になっても咲き続ける強さを感じる。

・その他：とてもきれいなので、季節のテーブルにかざるが、次の日には、元気がなくなり、しおれるのも早い。かたい地面から離れると生きて行くのが難しいのだと感じる。

気質　1・2

＊身近な人を一人選んで観察し（お名前は仮名やアルファベットにしてください）、その人の気質（例：「粘液質」または「胆汁が強く憂鬱が混じっている」など）を記入し、その気質を表すその人の振る舞いや行動、動作、話し方などを描写してください。また、大人か子どもかも記入してください

その人の気質<粘液質に少し多血が混じっている>　子ども（年齢：　7　歳）

・教室に、ゆったりと入ってくる。ぼんやりとあたりを見回し、教師のところに来る。き

16:53 11月22日

色々な茎の形が描かれていて楽しいですね

16:54 11月22日

「先割れスプーンのように」という比喩がいいですね
きっと子どもたちも想像が膨らんでわくわくするでしょうね

16:54 11月22日

なるほど
楽しい発見ですね

16:57 11月22日

茎・花・葉と形状についての豊かな描写がすてきですね
硬さ、表面の様子（見た目・手触り）、色（個々の色・部分による色の違いなど）、香りなどたくさんの視点から見てみると、より立体的になると思いました

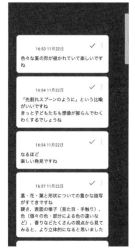

結婚し、子どもが生まれ、子育てをきっかけにシュタイナー思想との本格的な出会いの機会に恵まれました。その当時は、子どものためにできることとして、シュタイナーの思想や教育について学びを深めていましたが、いろいろと学ぶなかで、これは自分自身の生き方を問われていることに気づきました。

シュタイナー教育について学び、この学校の教壇に立つための準備をするにあたっては自分自身のあり方と向き合わねばならない。自分自身のありようと切り離して、単に知識やスキルを習得するだけでは不十分ということになる。右記の受講者の気づきは、第2章で紹介した「魂の在り方の変容」の問題とも通じるように思われる。

シュタイナー学園

④シュタイナー学園で学ぶ教員養成講座

学校法人シュタイナー学園（前身は東京シュタイナーシューレ）は一九八七年に設立されたアジア初・日本初のシュタイナー学校である。神奈川県相模原市の藤野地区に二つの校舎を構え、小中高一二年一貫教育が行われている私立学校だ。学園のある藤野地区は、都心から約一時間、相模湖畔の自然豊かな地域で、持続可能な社会を目指す「トランジション・タウン」の活動もさかんである。拙著『マンガでやさしくわかるシュタイナー教育』（日本能率協会マネジメントセン

	4月22日（土）	4月23日（日）
9:00~9:45	一般人間学（1・2講）	一般人間学（1・2講）
10:00~10:45	一般人間学（1・2講）	一般人間学（1・2講）
11:00~11:45	オイリュトミー	オイリュトミー
Lunch		
13:00~13:45	お話と言語造形	お話と言語造形
13:45~14:30	お話と言語造形発表	お話と言語造形発表
14:30~15:00	振り返り（宿題）	振り返り（宿題）

ター、二〇一九年）の舞台にもなっている。

そんな歴史あるシュタイナー学園において、二〇二三年度より第一期の教員養成講座がスタートした。二年間のカリキュラムの一部を紹介しよう。タイムテーブルは表のとおりである。座学と実践がバランスよく配置されており、受講者は自然豊かな藤野の地で経験豊富な講師による指導のもと、学びを深めることができる。

⑤どの講座が自分に合うのか

以上、日本で開講されている教員養成講座について紹介した。再度強調しておくが、ここで紹介した情報は二〇二三年三月現在のものなので、最新の情報については各校のホームページあるいは日本シュタイナー学校協会のホームページをご確認いただきたい。

ただ、ホームページの情報を見ているだけでは、それぞれの講座の特色や違いがわかりづらいかもしれない。特に関東にはシュタイナー学園、東京賢治シュタイナー学校、横浜シュタイナー学園と、教員養成の拠点が三箇所もあるため、どの講座を受講すればよいか迷ってしまう方もおられるだろう。

この点について、小澤周平氏（東京賢治シュタイナー学校）は、ともかくも申し込みの前に教員養成講座の説明会に参加し、現地（各学校）に行ってみることが重要だと述べる。説明会に足を運べば、「この先生から学んでみたい」「この場所で学べたら心地よいだろうな」といったことがきっとわかる。そうした感覚は、ホームページの情報をどれだけ見比べてみても湧き起こってはこないだろう。学びの場としてどこが最適かは直観が教えてくれるはずだ。

3　教員養成講座受講者の体験談

林皆仁氏の場合

さて、ここでは教員養成講座の具体的なイメージを掴むために、二〇二二年に連携型教員養成講座を修了した林皆仁氏（キリスト教愛真高等学校）の体験談を紹介したい。

まずは林氏の来歴を簡単にみていこう。

林氏は小学二年生までは日本の公立学校に通っていたのだが、父親の仕事の都合で海外（イギリスとベルギー）に移住することになった。両親はもともとシュタイナー教育に関心を持っており、父親は学生時代（一九八八年）にロンドンのシュタイナー学校を見学したこともあるという。海外移住が決まったとき、林氏は両親からこう尋ねられた。「日本人学校に行きたいか、それとも現地の学校（シュタイナー学校）に行きたいか」と。「せっかくイギリスに行くのだから、現地の学校に行きたい」と親に告げた。

小学三年生から五年生までの三年間、イギリスのシュタイナー学校で過ごしたのち、父親の仕事の都合で、今度はベルギーに住むこととなった。六年生から八年生（中学二年生）までの三年間は、ベルギーのシュタイナー学校に通った。

イギリスとベルギー、両国でそれぞれ一回ずつ別のシュタイナー学校に転校しているため、六年のあいだに合計四校のシュタイナー学校で学んだことになる。日本に戻り、中学生活の最後の一年を公立中学で過ごし、その後、帰国子女を受け入れている高校に進学した。

そんな林氏が教員になりたいと思ったのは高校生の頃のこと。

思い返せば、林氏は少年期から思春期にかけてさまざまな学校に身を置いてきた。はじめは日本の公立小学校に通い、その後イギリスで二校、ベルギーで二校、シュタイナー学校に通い、帰国後も別の学校で過ごしたわけだから、中学卒業までに六校で学校生活を送ったことになる。それぞれ国や文化も異なるわけだから、その都度のインパクトもかなり大きかったことだろう。「教育は学校によってこんなにも大きな違いがあるんだ」と身をもって感じた林氏は、自然な流れで教育に興味を抱くことになった。

大学進学にあたって、文系・理系の枠を超えて学びながら教職課程を履修できる国際基督教大学に進学。教職課程の履修を進めつつ、シュタイナー学校をはじめとした多くの特色ある学校に足を運んだ。

二年生までは順調に教職課程の履修を進めていったのだが、いろいろな学校を訪れるなかで、林氏の心境は変化した。「もっと広い世界を見てみたい」という思いが湧き起こり、教職課程の履修をやめることにした。

二〇一六年、大学卒業後は民間企業に就職。国際的なビジネスの仕事に携わることになった。就職後しばらくして、たまたま取引先の人から「小学六年生の子どもの家庭教師をしてほしい」との依頼を受けた。ひょんなことから、会社勤めをしつつ、副業として家庭教師をつとめることになり、二四歳ではじめて「教師‐生徒」という関係性を生きることとなった。

家庭教師をするなかで、「この世界にいるときのほうが、自分が求められている」と林氏は強く感じたそうだ。「自分で切り拓いたというよりは、教育の仕事が向こうからやってきた」と当時の印象を語る。これは（第1章でみた）シュタイナー学校の教師へのインタビューで頻出した「導かれるように」というキーワードとも重なる。

教育の仕事に魅力を感じた彼は、会社を辞め、シュタイナー学校の教師を目指すことを決意し、二〇一九年からシュタイナーの連携型教員養成講座の受講を開始した。

仕事を辞めたため、時間は十分にあった。だから、大学の通信教育課程にも申し込み、シュタイナーの学びと同時並行で教職課程の単位取得を目指した。

シュタイナーの連携型教員養成課程を履修するにあたっては、「実習コース」に進む前提で学びを開始した。履修時点では京田辺シュタイナー学校をホームベース校に選んだのだが、関東に拠点を移すにあたり、途中でホームベース校を横浜シュタイナー学園に変更。単位の取得は順調に進み、二〇二〇年に「基礎コース」を修了することができた。その後、面談を経て、予定通り「実習コース」へと進むこととなった。

「実習コース」では、数週間ずつ、三タームにわたって合計一〇週間の実習を行う必要があるのだが、実習期間中は横浜シュタイナー学園の長井麻美氏がメンターとして彼を導いた。

最初のタームは三週間の「見学実習」。丸一日、二年生クラスに入り、登校から下校までの時間を子どもたちと過ごした。

第二タームは同じく三週間の「見学実習」。第二タームでは一つのクラスに限らず、さまざまな学年のさまざまな授業を満遍なく見学した。

見学実習の中で、極めて象徴的なシーンに遭遇したと林氏は振り返る。実習当時、彼の見学したクラスでは、日常的に子どもたちによる喧嘩が起きていた。クラスの中には、喧嘩が起きていることを快く思っていない子（Aさん）がいたのだが、Aさんはクラスメイトに対し「喧嘩をやめてほしい」とは言えず、その不満を親にだけ打ち明けていたという。

ある日、美術の時間で「ミカエルと竜」の物語が取り上げられ、子どもたちはその場面の絵を描いていたのだが、そんななか、いつものとおり、また男の子同士の喧嘩が起きた。

見慣れた場面ではあったが、次の瞬間、Aさんは「嫌なの！」と大きな声で叫んだ。その場にいた児童は皆、ただごとじゃないことが起きたと察した。

そして、Aさんの叫びがきっかけとなり、その後のクラスの雰囲気がガラッと変わったという。「ミカエルと竜」というモチーフが子どもたちの心を動かし、ミカエルのあり方が子どもたちをサポートし、結果的に、現実のクラスの状況まで変えてしまうという劇的な出来事が生じたのだ。この事態に対し、長井氏も「あれはなかなかみられない体験だ。実習期間中にこうした稀有な場面に遭遇することができたのはとても幸運なことだ」と林氏に告げたそうだ。

さて、見学実習を通じて密度の濃い時間を過ごしたのち、第三タームで林氏はいよいよ教壇に立つことになる。実習期間は四週間。最初はエポック授業の一部分だけを担当した。その後、担当時間が長くなり、残りの二週間はエポック授業のすべての時間を林氏が担った。

授業準備は非常に大変だったそうだが、見学実習の期間に子どもたちとの関係性が構築できていたので、教職課程で課された母校での教育実習よりもやりやすかったという（教職課程における教育実習では、児童・生徒との関係性が構築できていない段階で授業を担当することになるため、そもそもの難易度が高い）。またこの間、林氏は保護者会にも出席した。

エポック授業を担当するにあたり、林氏は長井氏による指導のもとで授業を組み立てていった。長井氏との話し合いを経て、「聖人伝」と「文字のエポック」を掛け合わせて、聖人クリストフォロス（幼いイエスキリストを背負って川を渡ったと伝えられるキリスト教の伝説的聖人）の物語を絵本にするという、チャレンジングな内容で授業を行うことになった。

長井氏が教室の後ろで見守るなか、林氏による二週間のエポック授業が始まった。

初週の授業を終え、長井氏からもらったアドバイスはいまでも心に残っているという。「教師は優しいお兄ちゃんではダメだ」、そう長井氏に告げられた。この言葉は彼にグサリと刺さった。林氏の中には、子どもたちと仲良くしたいという思いがあったのだが、それだけではダメだという指摘だと受けとめた。

「一週間授業をしてきた自分の、ものすごく根っこの部分がダメだと言われたような気がした」と林氏は振り返る。根本部分を変えなければならない。教師のあり方の根っこの部分の解体が迫られたのだ。長井氏からは「殻を破りなさい。失敗することを恐れないで」とアドバイスをもらった。林氏にとって、それは大きな助言だったという。まさに（第2章でみた）魂の在り方の変容を迫られたのである。林氏にとって実習クライマックスで直面したこの出来事は「自己が解体されて再構築する出来事」だったという。林氏は「ある種の生まれ変わりを体験した」と述べ、「教師の自己変革とはこういうことなのか」と身をもって感じたそうだ。

このアドバイスを受けとめ、週末、その思いを寝かせて、次の週の実習に臨んだ。明らかにその景色は一週目とは異なっていった。林氏は何かを掴んだのである。二週間の授業を終え、長井氏からも「殻を破れたね」と声をかけてもらった。

実習を終えたのち、今度は卒業研究発表に向けた準備が必要となる。二〇二一年の秋頃から研究テーマをあたため、三、四か月かけて卒業研究にまとめた。先生方にアドバイスをもらい、何度か修正を加え、研究成果をまとめた。卒業研究のタイトルは「日本のシュタイナー学校での漢字教育」。シュタイナー教育では文字との出会いを大切にしているものの、二〇〇〇字を超える常用漢字をすべて習得させるとなると、一つの漢字にかけられる時間はそう多くはない。林氏は本研究の中で、さまざまな現実の制約の中でも漢字の学びの質と量をなるべく両立できるような漢字教育のカリキュラムを提案した。

そして、その成果を二〇二二年八月に複数の審査員の先生の前で発表。無事に審査を通過し、林氏の実習コースは修了した。

シュタイナー学校の教師になるうえで経験者は有利か

右に述べたとおり、林氏は六年間で計四校のシュタイナー学校に通った経験がある。絶えず自らの経験に立ち返ることができるわけだから、この学校の教師を目指すうえで、メリットが非常に大きいように思われる。ところが意外なことに、林氏によれば、シュタイナー学校の卒業生であることがプラスに作用しない場合もあるのだという。

彼は、実習を行った際、自分自身の経験が足枷になっていると感じられた部分があるという。「シュタイナー学校の教師とはこういうものだ」というイメージが先行してしまい、子どもたちの前に立つにあたって、形に囚われてしまう危険性があると感じたそうだ。林氏は次のように述べる。

自分が受けたシュタイナー教育はあくまでもその当時の生徒と先生の間で生まれたシュタイナー教育の形にすぎません。だから、生徒と先生が異なれば、シュタイナー教育の立ち現れ方も異なると考えます。いかに深い部分で目の前の子どもと出会えるか。子どもたちの内的欲求をどれだけ受けとめられるか。それが大切なのですが、自分自身の中のシュタイナーイメージが強過ぎると、形から入ってしまい、ありのままの子どもの姿を捉えるうえでの妨げとなる恐れがあります。だから、私は、シュタイナー教育を受けた経験があるかないかはあまり関係ないと思っています。シュタイナー学校に通った経験があろうがなかろうが、なんとなくの形を真似するだけの次元で止まってしまっていてはそれをシュタイナー教育と呼ぶことはできないと考えます。

その都度の子どもたちとの出会いのなかで、新たにシュタイナー教育を立ち上げてゆくことが大切になるのだと林氏は言う。第3章で、シュタイナー学校の教師になるためには、アンラーン（unlearn）が必要になり、新たな価値観を受け入れる柔軟性が求められると述べた。

これはシュタイナー学校の出身者にも当てはまるのだろう。自らの経験に縛られず、絶えず目の前の子どもたちとの相互作用のなかで教育を立ち上げてゆくことが求められるのだ。

シュタイナー学校の教師にならなかったとしても……

さて、教員養成講座修了後、林氏はシュタイナー学校の教師になるつもりだったが、結婚を機に島根に移住することになったため、いまは全寮制の私立学校で国語科教員として勤務している。林氏に「いまの職場で働くうえで、連携型教員養成講座で学んだことが活かされているか」と尋ねてみたところ、次のような答えがかえってきた。

私はいま、シュタイナー学校の現場でつとめているわけではないですが、連携型教員養成講座で学んだことは深く自分自身のうちに刻み込まれています。教師自身のありようが、子どもたちに伝播してしまうということは常に意識しています。自分が生き生きしていないと生徒は生き生きしない。「教師は子どもが自己変革していくための環境となるべきだ」ということは連携型教員養成講座を通じて、身体レベルで感じたことですが、この考えはシュタイナー学校の現場以外でも大事だと考えています。

インタビューの最後に、林氏はいまもシュタイナー学校の教師をやりたい気持ちはあると筆者に語った。人生は何が起きるかわからない。はじめて家庭教師の仕事が舞い込んできたあのときのように、彼が真に欲している仕事から、最良のタイミングで呼びかけられる日が来るに違いない。

おわりに

筆者は、幼少期、短い期間ではあるが、スイスのシュタイナー学校に通っていたことがある。そこで出会った担任の先生は、髭を生やしていて、鼻が高くメガネをかけていた。まだ若い男性教員であったが、絵が上手で、歌もうまい。そのうえ編み物や料理もできた。ハイキングの途中でふるまわれたケーキの味はいまでも覚えている。この人にはできないことが何一つないのではないか。私は担任の先生のことを本気で魔法使いだと信じていた。近寄りがたい存在でありながら、とてつもなくあたたかい。当時七歳（一年生）だった私は「大人になったら先生と結婚したい」と両親に言っていたそうだ。「先生のようになりたい」ではない。象徴的な意味において先生と結ばれたいと考えていたのである。威圧的な権威ではなく、自然に従いたくなる憧れの存在として先生を仰ぎ見ていた。

歳を重ねたいまも、そうした思いの余韻が筆者のうちに生きている。そして、幼き日の記憶を思い起こすたびに、次のような疑問が湧き起こってくる。

「シュタイナー学校の先生はいったい何者なのか」。

学生時代からかれこれ二〇年以上シュタイナー研究に従事しているものの、この疑問は一向に解消される気配がなかった。

秘密が明らかになるかもしれないと、国内で開講されている教員養成講座を受講した。短期間ではあるが、愛知シュタイナー学園高等部で「哲学」のエポック授業を担当させていただいたこともある。親になり、子どもをシュタイナー学校に通わせるなかで、現役の先生方と接する機会も増えた。だが、先生は何者なのか、謎は深まるばかりだった。

大学の教職課程の担当教員として学生たちと向き合うなかで、この問いとの対峙は避けられないものとなった。教師を目指す学生たちでさえ、シュタイナー教育の名を耳にする機会は多くはなく、ほとんどの学生にとって、この教育は教員採用試験のための暗記項目の一つにすぎない。だが、シュタイナー教育は、単なる暗記事項として処理されてしまうにはもったいないほどに、教育に対する豊かな視点を含み持っているのではないか。こうした思いから、筆者は毎年、教職課程の必修科目「教育原理」の授業の中で一コマ分（九〇分）の時間を使って、シュタイナー教育について紹介している。もちろん、この教育を礼賛するような講義内容ではない。シュタイナー教育の実践とその背景にある理論にふれるなかで、学生たちが既存の教育観・子ども観を問い直す機会になればと願い、講義を組み立てている。授業を受けた学生たちの反応はさまざま。学生たちからのコメントをもとに議論を掘り下げてゆきたいのであるが、どうしても時間が足りない。毎年、「もっと時間があれば……」と後ろ髪を引かれながら授業を終えることになる。

そんななか、決して数は多くないものの、「シュタイナー学校の教員になることを将来の選択肢として真剣に考えたい」という複数の学生に出会ってきた。シュタイナー教育業界は慢性的な教員不足に悩まされているため、この学校の教師を目指したいと名乗り出てくれる学生がいるのはじつに有り難い。

シュタイナー学校の教員になる道を現実的な選択肢として吟味できるよう、彼らに対して十分な情報を提供したいと強く思った。だが、「どんな人たちが教壇に立っているのか」「この学校の教師になるためには何が求められるのか」といった肝心の質問にうまく答えられない。

学生からの問いかけを通じて、長年未解決のままのあの問い（シュタイナー学校の先生は何者か）と再び向き合うことになったのである。かくして、全国のシュタイナー学校で働く先生方にインタビューを行うことを決意し、二〇二二年春に本書の企画を立ち上げた。

本書の刊行にあたっては全国のシュタイナー学校の先生方に多大なるご尽力をいただいた。インタビューにご協力いただいた先生方（協力者一覧を参照）には、お忙しいなか、長時間のインタビューにお付き合いいただき、貴重な情報をご提供いただいた。先生方のライフヒストリーはいずれもドラマチックで、インタビュー後は大作映画を見終えたときのような、深い感動を味わうことができた。先生方のご協力なくして、本書の誕生はありえなかった。この場を借りてお礼を申し上げたい。

中村真理子氏（京田辺シュタイナー学校）、根岸初子氏（シュタイナー学園）、後藤洋子氏・小澤周平氏（東京賢治シュタイナー学校）、長井麻美氏（横浜シュタイナー学園）、黒沼亜矢氏（沖縄シュタイナー学園）には、日本で開講されている教員養成講座に関して詳細な情報をシェアしていただいた。また、日本シュタイナー学校協会事務局には、わが国のシュタイナー学校教員の実情に関する貴重なデータをご提供いただいた。心よりお礼を申し述べたい。

何度も強調しておくが、本書で取り上げることができたのは、日本のシュタイナー学校の現場で働く一部の教員の歩み・ものの見方や考え方である。本書によって、シュタイナー学校の教員のありようを解明できたなどとは一切考えていない。だが、本書を通じて、ささやかながら、生きた教師たちの姿を知るための手がかりが得られたのではないかと思う。

二〇二三年現在、各地で新たなシュタイナー学校設立に向けた機運が高まっている。石川県金沢市では、一般社団法人「白山ウォルドルフコミュニティ」が北陸初のシュタイナー学校設立に向けて準備を進めており(1)、また、長野県安曇野市を拠点に活動している「なないろの環」がシュタイナー学校の設立を目指している(2)。今後、シュタイナー学校の教師の需要はさらに高まってゆくことが予想されており、この教育を担うことのできる質の高い教師の確保は急務といえる。

本書がシュタイナー学校の教員を目指そうと思っている方々の追い風となり、教師のあり方について立ち止まって考えたいと思っている方々にとって何らかのヒントとなれば、著者としてそれ以上の喜びはない。

最後になったが、本書の刊行にあたってはナカニシヤ出版の酒井敏行さんに多大なるお力添えをいただいた。酒井さんには教職課程用のテキスト「ワークで学ぶシリーズ」の刊行でもお世話になり、本書に限らず、書籍の制作過程ではいつもエールを送っていただいた。本書の意義をお認めいただき、あたたかく導いてくださった酒井さんに、この場を借りて心より感謝を申し述べたい。

---

(1) カナダ・バンクーバーで培われた豊かな経験とつながりが生きる白山ウォルドルフコミュニティでは、二〇二三年現在、学校づくりの準備の一環として、幼児教育部門の充実が図られている。小学部門では、農と暮らしでつながるコミュニティの中で「学校」を育むべく、幼児から大人まで田畑で共に活動する日を設けている。また、土曜教室も開設している。

(2) 「なないろの環」は安曇野市穂高にある安曇野シュタイナーこども園おひさまの保護者や保育者が中心となり、有志メンバーで構成されている任意団体。北アルプスの麓の自然豊かな環境を生かした幼児期からのつながりのある学びの場を目指している。

＊本書は、研究代表者：井藤元「シュタイナー学校における教員養成プログラムを支える理論とその実態の解明」（科学研究費補助金、基盤研究（C））の研究成果の一部である。

協力者一覧（敬称略）

1 石尾紀子（北海道シュタイナー学園）
2 勝部武志（北海道シュタイナー学園）
3 佐藤邦宏（北海道シュタイナー学園）
4 米永宏史（北海道シュタイナー学園）
5 木村義人（シュタイナー学園）
6 白田拓子（シュタイナー学園）
7 帖佐美緒（シュタイナー学園）
8 根岸初子（シュタイナー学園）
9 廣田聖子（シュタイナー学園）
10 増渕智（シュタイナー学園）
11 小澤周平（東京賢治シュタイナー学校）
12 後藤洋子（東京賢治シュタイナー学校）
13 山下亜弓（東京賢治シュタイナー学校）
14 長井麻美（横浜シュタイナー学園）
15 横山義宏（横浜シュタイナー学園）
16 今泉夏奈（愛知シュタイナー学園）
17 安藤しおり（京田辺シュタイナー学校）
18 纐纈好子（京田辺シュタイナー学校）
19 中村真理子（京田辺シュタイナー学校）
20 若林伸吉（京田辺シュタイナー学校）
21 大友綾（福岡シュタイナー学園）
22 田原眞樹子（福岡シュタイナー学園）
23 入福玲子（沖縄シュタイナー学園）
24 黒沼亜矢（沖縄シュタイナー学園）
25 渡慶次愛（沖縄シュタイナー学園）
26 林皆仁（キリスト教愛真高等学校）
27 日本シュタイナー学校協会事務局

著者紹介
井藤 元（いとう・げん）
京都大学大学院教育学研究科博士課程修了。博士（教育学）。現在、東京理科大学教育支援機構教職教育センター教授。『シュタイナー「自由」への遍歴――ゲーテ・シラー・ニーチェとの邂逅』（京都大学学術出版会、2012年）、『マンガでやさしくわかるシュタイナー教育』（日本能率協会マネジメントセンター、2019年）、『シュタイナー学校の道徳教育』（イザラ書房、2021年）、『笑育――「笑い」で育む21世紀型能力』（監修、毎日新聞出版、2018年）、『記者トレ――新聞記者に学ぶ観る力、聴く力、伝える力』（監修、日本能率協会マネジメントセンター、2020年）、『ワークで学ぶ教育学 増補改訂版』（編著、ナカニシヤ出版、2020年）、『ワークで学ぶ道徳教育 増補改訂版』（編著、ナカニシヤ出版、2020年）、『ワークで学ぶ教職概論』（編著、ナカニシヤ出版、2017年）、マルグリット・ユーネマン『黒板絵――シュタイナー・メソッド』（小木曽由佳との共訳、イザラ書房、2022年）、ネル・ノディングズ『人生の意味を問う教室――知性的な信仰あるいは不信仰のための教育』（小木曽由佳との共訳、春風社、2020年）、他。

教育芸術を担う　シュタイナー学校の教師たち

2023年11月30日　初版第1刷発行

著　者　井藤　元
発行者　中西　良
発行所　株式会社ナカニシヤ出版
〒606-8161 京都市左京区一乗寺木ノ本町15番地
TEL 075-723-0111　FAX 075-723-0095
http://www.nakanishiya.co.jp/

装幀＝宗利淳一デザイン
印刷・製本＝亜細亜印刷

ISBN978-4-7795-1765-5　C0037